Cómo Construir

LÍDERES

En Redes De Mercadeo
VOLUMEN DOS

Actividades y Lecciones para Líderes de MLM

TOM "BIG AL" SCHREITER

Para información, contacte:

Fortune Network Publishing

PO Box 890084

Houston, TX 77289 Estados Unidos

Teléfono: +1 (281) 280-9800

ISBN: 1-892366-54-1

ISBN-13: 978-1-892366-54-2

Traducción de Alejandro González López

DEDICACIÓN

Este libro está dedicado a los empresarios de redes de mercadeo de todo el mundo.

TALLERES DE BIG AL

Viajo por el mundo más de 240 días al año impartiendo talleres sobre cómo prospectar, patrocinar y cerrar.

Envíame un correo si quisieras que hiciera un taller "en vivo" en tu área.

¡OBSEQUIO GRATIS!

Recibe la noticia cuando el próximo libro de "Big Al" sea lanzado, para que puedas **conseguirlo GRATIS**.

http://bigalbooks.com/giftoffer.htm

TABLA DE CONTENIDOS

PREFACIO

En este volumen sobre liderazgo, Volumen Dos, hablaremos más acerca de las actividades y lecciones que podemos dar a nuestros líderes potenciales.

Sermonear y dar conferencias no construye líderes. Demostraciones, participaciones, experiencias e historias de aprendizaje producen mucho mejores resultados. Para cualquiera que cree que los sermones sirven, todo lo que tienes que hacer es recordar tus años de adolescente. Los sermones de padres y maestros muchas veces tuvieron poco efecto.

Sin embargo, una vez que experimentamos algo, ya sea externamente o en nuestra mente, las nuevas creencias se presentan. Y, con suerte, estas creencias pueden mover a nuestros equipos mucho más cerca de sus destinos.

Nuevos puntos de vista nos dan nuevas ideas. Y las nuevas ideas nos ayudan a desprendernos de nuestras limitaciones actuales.

–Tom "Big Al" Schreiter

¿Por qué los distribuidores no hacen un compromiso total para ser líderes?

¿Tienes por lo menos un líder de ventas en tu organización?

¿Te gustaría tener, al final del próximo año, **12 líderes de ventas** en tu organización?

Bien, aquí está el plan. Es un plan **agresivo**.

Sin embargo, si hechas a andar este plan, al final del año tendrás una poderosa organización de líderes en desarrollo. (¡Apuesto que ya te imaginaste cómo se verían tus cheques si tuvieras 12 líderes de ventas en tu organización!)

Ahora, este es un plan simple... un nuevo líder de ventas todos y cada uno de los meses. Cualquiera lo puede hacer, incluso si titubeas, incluso si tu presentación está confusa y con los porcentajes equivocados.

Lo que debes hacer primero es localizar a la persona que está comprometida.

En el Volumen Uno, expliqué un poco acerca de los tres tipos de compromiso.

Revisemos:

El primer compromiso es cuando el prospecto dice: –**Bien, lo intentaré.**– Ésta es la forma más débil de compromiso. Este es el compromiso que crea distribuidores temporales. Tu distribuidor está diciendo: –**Intentaré** en este negocio por un rato, y luego quizá **intentaré** algo más si el negocio no funciona, **intentaré** con la lotería, y quizá **intentaré** ver televisión por un rato. Espero que este negocio no requiera nada de trabajo.

No es su culpa que piense de esta manera. ¿Por qué? Por que la mayoría de las personas pasa la vida entera aprendiendo a renunciar. Renuncian a la escuela, renuncian a su empleo, renuncian a su programa de ejercicios, renuncian a sus dietas.

Es interesante hablar con un distribuidor y escuchar una conversación como ésta:

Nuevo Distribuidor: –Hmmm, lo voy a intentar.

Líder: –Bien. Pero, ¿qué sucede si hablas con muchas personas y todos dicen "No"?

Nuevo Distribuidor: –Bien, hablaré con más personas.

Líder: –Bien, ¿qué sucede si hablas con más personas y todos dicen "No?

Nuevo Distribuidor: –Bien, quizá trabajaré en mi presentación y haré algunos entrenamientos.

Líder: –Está bien. ¿Y qué sucede si hablas con más personas y todas dicen "No"?

Nuevo Distribuidor: –Bien, si nadie quiere unirse, quizá entraré a otra compañía.

Líder: –Está bien. Te unes a otra compañía, hablas con más personas, y todos dicen "No". ¿Entonces qué?

Nuevo Distribuidor: –Bueno, hablaré con más personas.

Líder: –¿Y qué tal si todos dicen "No"?

Nuevo Distribuidor: –Quizá me mude de vuelta con mis padres y mire televisión.

Las personas son desertores profesionales.

Más vale que nos acostumbremos a ello.

No puedes construir una gran organización sólo con distribuidores. Es imposible manejar y motivar cientos y miles de distribuidores. Necesitas líderes.

El segundo tipo de compromiso es cuando el prospecto anuncia: –**Haré lo mejor que pueda.**– Esto es mucho mejor. Muchos de nuestros mejores distribuidores hacen este compromiso.

Finalmente está el tercer tipo de compromiso, cuando el prospecto promete: –**Haré lo que sea necesario.**– Nuestro líder de ventas potencial hará este tipo de compromiso.

"Haré lo que sea necesario" es el compromiso que estás buscando. Estos distribuidores continuarán a pesar de las adversidades y el rechazo de su familia y amigos. Ellos permanecerán justo donde están y se enfocarán en lo que sea necesario para ser exitosos.

Ese compromiso es lo que hace a un líder potencial.

La razón por la que nuestros distribuidores están un poco temerosos de hacer un compromiso de convertirse en un líder de ventas es que en el fondo de su mente, ellos se preguntan:

–¿Qué tal si eso **no** se hace realidad? ¿Qué tal si me pongo de pie y anuncio a todos mis parientes que me voy a convertir en un líder de ventas al final de 30 días? Si no cumplo mi meta, ellos se burlarán de mí y me avergonzarán por años.

Bueno, la mayoría de nuestros distribuidores no serían tan temerarios como para hacer ese anuncio debido a que ya han anticipado las consecuencias del fracaso.

Si fracasan en convertirse en líder de ventas al concluir los 30 días, estarán avergonzados. Tendrán que comerse sus palabras. Tendrán que escuchar a sus parientes por el resto de sus vidas recordándoles sobre su fracaso. Ese es un pensamiento deprimente, ¿no es así?

La garantía hace la diferencia.

¿Pero qué tal si pudieras dar a tus distribuidores una garantía absoluta, positiva, del 100%, de que al terminar los 30 días ellos estarán corriendo hacia convertirse en un líder de ventas?

¿Crees que esto los motivaría? ¡Apuéstalo a que sí!

¿Crees que ellos harán ese tercer tipo de compromiso? ¿El compromiso de **"Haré lo que sea necesario"**? ¡Sí! ¡En un pestañeo!

¿Así que, cómo garantizas que un nuevo distribuidor se convertirá en líder de ventas?

Imaginemos por un momento que patrocinas a William. Como nuevo distribuidor, William sufre de una pobre autoimagen y falta de confianza.

Tu retas a William al preguntar:

–¿Quieres trabajar duro y comprometerte a ser un líder de ventas?

William lo piensa por un momento. Es nuevo y no quiere comprometerse a un proyecto donde puede fracasar, así que te da una respuesta sin sentido como:

–Bueno, quizá lo puedo hacer, quizá no.

Este tipo de compromiso **nunca** funcionará, pero tu le dices la **frase mágica** a William:

–William, ¿te gustaría ser un líder de ventas si estuvieras absoluta y positivamente 100% garantizado a tener éxito?

Y William ansioso responde:

–Bueno, sí, sin problema. Por supuesto que sí, si mi éxito está garantizado.

Ahora que tienes la atención completa de William, le dices acerca de tu compromiso que le garantizará su éxito.

El Acuerdo.

Le das a William la siguiente garantía:

–Está bien, William, aquí está cómo lo vamos a hacer. Tú haces un compromiso de tiempo parcial de todas tus **horas libres** cuando no estés trabajando o durmiendo. Si pasas todo ese tiempo construyendo tu negocio, yo haré un compromiso también.

Yo seré tu líder patrocinador. Como tu líder patrocinador, tú tendrás mi compromiso de tiempo completo. Ahora, yo ya soy un líder de ventas, así que yo sé cómo se hace esto.

Pero también seré tu **empleado de tiempo completo**. Estaré trabajando no sólo 40 horas por semana, sino probablemente 80 horas por semana. Cada momento despierto que tenga, te apoyaré a dar presentaciones, y apoyaré a tu equipo a dar presentaciones. Te apoyaré a vender, y apoyaré a tu equipo a vender. Te apoyaré a ti y a tu equipo a dar entrenamientos y juntas de oportunidad.

Y quizá si encuentro a un prospecto genial durante el mes, te ayudaré a patrocinar a ese prospecto para construir tu organización.

Trabajaremos duro y **entre tu esfuerzo de tiempo parcial y mi esfuerzo de tiempo completo**… bueno, estoy seguro que serás un líder de ventas al terminar el mes.

¡Wow! Las probabilidades de que William se convierta en un líder de ventas al terminar el mes son muy buenas, ¿correcto? Tendrás el esfuerzo concentrado del medio tiempo de William además de tu esfuerzo de tiempo completo y experiencia. Debería ser fácil.

William se siente confiado debido a **tu compromiso**. Está dispuesto a hacer el compromiso de convertirse en un líder de ventas y anunciar su compromiso al mundo.

Pero realmente no querrías hacer esto.

¿Por qué? Por que puedes hacerlo mucho, mucho mejor.

Podrías decir esto:

–Está bien, William, aquí está cómo lo vamos a hacer. Tu haces un compromiso de tiempo parcial de todas tus **horas libres** cuando no estés trabajando o durmiendo. Si pasas todo ese tiempo construyendo tu negocio, yo haré un compromiso también.

Yo seré tu líder patrocinador. Como tu líder patrocinador, tu tendrás mi compromiso de tiempo completo. Ahora, yo ya soy un líder de ventas, así que yo sé cómo se hace esto.

Pero también seré tu **empleado de tiempo completo**. Estaré trabajando no sólo 40 horas por semana, sino probablemente 80 horas por semana. Cada momento despierto que tenga, te apoyaré a dar presentaciones, y apoyaré a tu equipo a dar presentaciones. Te apoyaré a vender, y apoyaré a tu equipo a vender. Te apoyaré a ti y a tu equipo a dar entrenamiento y juntas de oportunidad.

Y quizá si encuentro a un prospecto genial durante el mes, te ayudaré a patrocinar a ese prospecto para construir tu organización.

Trabajaremos duro y **entre tu esfuerzo de tiempo parcial y mi esfuerzo de tiempo completo**… bueno, estoy seguro que serás un líder de ventas al terminar el mes.

Pero, también hablé con mi patrocinadora, Mary, y le dije: -Mary, ¿conoces a William? Bien, él será un distribuidor genial. De hecho, será líder de ventas y te va a hacer ganar mucho dinero. William se comprometió con todo su tiempo libre por un mes completo para concentrarse en convertirse en un líder de ventas. Ahora, yo ya me comprometí a darle un mes entero de mi esfuerzo de tiempo completo. Así que, Mary, como mi patrocinadora superior, ¿con qué puedes contribuir para ayudar a William a ser exitoso?

Mary dijo: –Tienes razón. Ya soy exitosa. Yo soy una líder Dorada de ventas. Tú sabes, lo tengo todo. Francamente, salgo de vacaciones dos semanas de cada mes. Así que la máxima cantidad de tiempo que puedo separar para apoyar a William serían **dos semanas**. Estoy segura que podría hacer una junta o dos, quizá apoyar con llamadas telefónicas de tres vías, y apoyar a William a localizar algunos prospectos extra.

Así que, William, con tu compromiso de tiempo parcial, mi compromiso de tiempo completo, más el compromiso de las dos semanas de Mary, estoy seguro que te tendremos en el rango de líder de ventas antes de que termine el mes.

Esto suena impresionante, pero, ¿nos detendríamos aquí?

Ahora, entre los esfuerzos de William, tus esfuerzos, y los esfuerzos de Mary, tienes un equipo bastante poderoso.

¿Pero te detendrías ahí?

Por supuesto que no. Continuaríamos consiguiendo más compromisos de parte de nuestros superiores. Queremos **abrumar** a William con los compromisos de sus superiores. Queremos que tenga la **confianza inmediata** de que se convertirá en un líder de ventas al terminar el mes.

Así que probablemente digamos algo como esto:

—Está bien, William, aquí está cómo lo vamos a hacer. Tu haces un compromiso de tiempo parcial de todas tus **horas libres** cuando no estés trabajando o durmiendo. Si pasas todo ese tiempo construyendo tu negocio, yo haré un compromiso también.

Yo seré tu líder patrocinador. Como tu líder patrocinador, tu tendrás mi compromiso de tiempo completo. Ahora, yo ya soy un líder de ventas, así que yo sé cómo se hace esto.

Pero también seré tu **empleado de tiempo completo**. Estaré trabajando no sólo 40 horas por semana, sino probablemente 80 horas por semana. Cada momento despierto que tenga, te apoyaré a dar presentaciones, y apoyaré a tu equipo a dar presentaciones. Te apoyaré a vender, y apoyaré a tu equipo a vender. Te apoyaré a ti y a tu equipo a dar entrenamiento y juntas de oportunidad.

Y quizá si encuentro a un prospecto genial durante el mes, te ayudaré a patrocinar a ese prospecto para construir tu organización.

Trabajaremos duro y **entre tu esfuerzo de tiempo parcial y mi esfuerzo de tiempo completo**… bueno, estoy seguro que serás un líder de ventas al terminar el mes.

Pero, también hablé con mi patrocinadora, Mary, y le dije: -Mary, ¿conoces a William? Bien, él será un distribuidor genial. De hecho, será líder de ventas y te va a hacer ganar mucho dinero. William se comprometió con todo su tiempo libre por un mes completo para concentrarse en convertirse en un líder de ventas. Ahora, yo ya me comprometí a darle un mes entero de mi esfuerzo de tiempo completo. Así que, Mary, como mi patrocinadora superior, ¿con qué puedes contribuir para ayudar a William a ser exitoso?

Mary dijo: –Tienes razón. Ya soy exitosa. Yo soy una líder Dorada de ventas. Tú sabes, lo tengo todo. Francamente, salgo de vacaciones dos semanas de cada mes. Así que la máxima cantidad de tiempo que puedo separar para apoyar a William serían **dos semanas**. Estoy segura que podría hacer una junta o dos, quizá apoyar con llamadas telefónicas de tres vías, y apoyar a William a localizar algunos prospectos extra.

Y... también hablé con la patrocinadora de Mary, Amelia. Le dije a Amelia que vas a ser líder de ventas y la vas a hacer ganar mucho dinero. Le dije cómo te has comprometido con todo tu tiempo libre por un mes entero para concentrarte en convertirte en un líder de ventas. Le dije cómo me comprometí por un mes entero con mi esfuerzo de tiempo completo. Y le dije a Amelia que Mary estaba contribuyendo dos semanas de su tiempo también.

Entonces le pregunté a Amelia: –Así que, ¿qué puedes hacer para ayudarnos? Estamos armando un esfuerzo mayor en equipo para apoyar a William a que se convierta en líder de ventas de inmediato.

Amelia dijo: —Bueno, yo soy una líder Águila de Platino Dorada. Trabajé para llegar tan alto y salgo de vacaciones tres semanas por mes. Así que la máxima cantidad de tiempo que puedo separar para apoyar a William es una semana. Tengo una reputación genial como líder poderosa aquí en la comunidad, así que estoy segura que mi semana de esfuerzo será de mucha contribución en esta campaña.

Acepté la oferta del apoyo de Amelia… **pero, no me detuve ahí**. Quería incluso más ayuda de nuestros superiores. Quería garantizar que consiguieras ser líder de ventas para el día 15 de este mes.

Así que hablé con el patrocinador de Amelia, Mark.

Él dijo: —Hey, yo soy un líder Águila de Platino Súper Dorada con Extra Plumas. Salgo de vacaciones cuatro semanas por mes, soy súper exitoso y honestamente, ni los quiero ver cerca. Así que, te voy a dar $500 para una cooperación en la campaña de publicidad si te vas de aquí. ¿Suena bien?

Tomé los $500 de Mark para apoyarnos.

Así que éste es el trato.

—William, tenemos tu compromiso de todas tus horas de tiempo parcial.

Yo seré tu empleado de tiempo completo para apoyarte a conseguir el éxito durante esta campaña de un mes.

Pero también tenemos el compromiso de dos semanas de Mary. Ella es una profesional consumada y somos afortunados de contar con su ayuda.

Más la patrocinadora de Mary, Amelia, nos va a dar un gran impulso con su credibilidad y su esfuerzo de una semana.

Y también tenemos los $500 que nos dio Mark para pagar alguna publicidad.

William, con todo este apoyo, estoy **seguro** que te tendremos en el rango de líder de ventas antes que termine medio mes. Podemos tomar el resto del mes para celebrar.

Tu nuevo distribuidor hará grandes compromisos si tiene garantizado el éxito.

¿Qué fue lo que hicimos? Recolectamos suficientes compromisos de apoyo para que William supiera que será exitoso. No tiene que preocuparse por el fracaso, su autoimagen, o lo que sus parientes dirán. Él **sabe** que será exitoso.

Es fácil hacer compromisos cuando están garantizados.

Este es sólo un ejemplo de que tan poderosos pueden ser los compromisos. Nosotros simplemente organizamos un equipo SWAT de golpeadores y líderes dentro de un área para apoyar a William.

¿Podrías hacer esto con alguien en tu grupo?

Si lo haces, asegúrate de ser exitoso.

¿Por qué? Si eres exitoso con tu primer distribuidor, construirás un increíble aura de poder que **atraerá** más distribuidores a hacer el mismo compromiso.

Veamos este poder.

* ¿Alguien en tu organización tiene problemas al patrocinar?

* ¿Están temerosos de que los rechacen?

* ¿Tienen problemas visualizándose como líderes exitosos de ventas?

* ¿Su actitud y creencia cambiaría si vieran cómo tú y tu equipo superior apoyó a William a convertirse en un líder exitoso?

¡Sí!

Ahora ellos verían cómo ser exitosos con tu apoyo. Ellos creerían que pueden ser exitosos debido a que no tendrían que hacerlo todo por su cuenta.

Ahora, no tienes que **encontrar** distribuidores comprometidos. Estarás **creando** distribuidores comprometidos que vendrán hacia ti.

Alguien en tu organización estará observando tu progreso con William y dirá:

−William se acaba de convertir en líder de ventas en menos de 30 días. Yo quiero ser el próximo. Quiero que hagas por mí lo que hiciste por William.

Así que el próximo mes, tú y tu equipo SWAT apoyan a este distribuidor a convertirse en líder de ventas.

El próximo mes, otro distribuidor dice:

–Hey, yo quiero ser el próximo. Estoy dispuesto a hacer un compromiso de todo mi tiempo libre si tú y tu equipo me apoyan a convertirme en un líder de ventas.

El próximo mes dos o tres distribuidores dicen:

–Hey, yo quiero ser el próximo. Estoy dispuesto a hacer ese compromiso.

Si consistentemente apoyas a estos distribuidores comprometidos a convertirse en líderes de ventas, otros distribuidores verán un registro consistente, ¿no es así? Ellos dirán:

–¡Quiero ser el próximo! ¡Quiero ser el próximo!

¿Qué sucede después de seis o siete meses?

Bueno, tienes una larga fila de personas diciendo que quieren ser los próximos en la fila debido a que todo lo que tocas se convierte en oro. Y algunas de estas personas aún son prospectos. Ellos quieren unirse a tu negocio debido a que trabajarás con ellos – y consigues resultados.

Ellos piensan:

–Quiero ser la próxima persona que apoyes por que me apoyarás a ser exitoso. Garantizado. No tengo que preocuparme por hacer el compromiso. No tengo que preocuparme sobre hacer el ridículo, debido a que está garantizado que seré exitoso.

¿Quieres hacer algo de dinero extra?

Aquí está cómo:

Digamos que tienes diez personas esperando su turno de convertirse en líderes de ventas. Pero, sólo puedes trabajar con una persona por mes.

Tú simplemente vas con la séptima u octava persona en la fila y dices:

–Por $500 te muevo un poco más adelante de la fila para poder trabajar contigo antes.

Sólo bromeo.

Por supuesto que **no harías** esto.

Sólo quiero señalar que es mucho más divertido cuando tienes personas esperando, ansiosos, y comprometidos para trabajar contigo. Esto seguramente supera a perseguir distribuidores semi- comprometidos y rogar por un poco de trabajo.

Así que ahí lo tienes. Un plan garantizado para apoyar a William y otros muchos distribuidores en tu organización a que se conviertan en líderes de ventas.

Y, ¿recuerdas el comienzo de este capítulo? ¿No querías 12 nuevos líderes de ventas para el final del próximo año? Aquí está tu plan.

Todo lo que tienes que hacer es comenzar a trabajar con William.

"El único camino correcto..."

Me gusta que las cosas sean blanco y negro, bueno o malo sin ambigüedades, ¿a ti no?

Así que, ¿no estaría bien que hubiese **un único camino correcto** para hacer redes de mercadeo?

Esto haría la vida más simple, pero ciertamente no he encontrado ese camino correcto. Y, no estoy seguro de por qué habría sólo un camino correcto para hacer redes de mercadeo.

Veo muchas maneras de hacer que nuestro negocio funcione. Todos los días, la gente consigue el éxito en nuestro negocio, todos haciéndolo diferente.

Por ejemplo, yo odio usar el teléfono. Me siento extremadamente incómodo cuando estoy en una conversación por más de 30 segundos. (Si alguna vez me has llamado, ya sabes que trato de hacer mis conversaciones telefónicas lo más breve posible.)

Así que, ¿qué sucedería si mi patrocinador me dijera esto?:

–La única vía para conseguir el éxito en redes de mercadeo, es enviar por correo un paquete informativo y dar seguimiento a cada prospecto usando el teléfono.–

¿O esto?:

–La única manera de ser exitoso en redes de mercadeo es enviar a las personas tu sitio web y dar seguimiento a cada prospecto con llamadas de tres vías.

Quizá me pueda forzar a mi mismo a ese sufrimiento durante un mes o dos, pero después de un periodo de sufrimiento continuo, buscaría otra manera que fuese más cómoda para mi de hacer el negocio… o renunciaría.

Imagina que mi patrocinador me dijera que usar el teléfono es la única manera correcta de hacer redes de mercadeo, y que si no sigo el sistema de mi patrocinador… debo retirarme del negocio.

Bueno, tendría que dejar el negocio. Y mi patrocinador perdería todo el negocio potencial que yo le pude haber creado.

¿Es malo el teléfono?

No. el teléfono es genial, pero es **solamente una manera** de construir tu negocio de redes de mercadeo. He patrocinado a líderes quienes han construido su negocio por completo en el teléfono. El proceso funciona. Yo sólo elijo hacer redes de mercadeo de una manera más placentera para mí.

Mi método favorito es patrocinar a alguien en la mesa de la cocina. Quizá es mi preocupación con la comida, pero ese método me funciona genial.

¿Pero qué hay de los líderes que construyen su negocio por teléfono?

Si los **obligo** a construir su negocio de redes de mercadeo en la mesa de la cocina, renunciarían. Ellos detestarían mi sistema de construir el negocio.

Así que, yo hago lo más inteligente. Le permito a los líderes construir su negocio de la manera más placentera para ellos – usando el teléfono.

Aquí hay sólo algunas de las maneras en que los líderes construyen sus negocios:

1. Juntas de oportunidad.

2. Fiestas de productos.

3. Llamadas persona a persona.

4. Correo directo.

5. Publicidad en el periódico.

6. Autorespuesta.

7. Páginas de captura de prospectos.

8. Comprar listas de prospectos.

9. Referidos.

10. Cupones.

11. Postales.

Hay muchas otras maneras, pero entiendes el punto. Las personas son diferentes. Sus habilidades son diferentes. Y puede construir un negocio exitoso de diferentes maneras.

Yo respeto todos estos métodos. No los uso todos, pero los respeto. Y, como líder, trato de aprender tanto como puedo de cada método para que pueda apoyar a los nuevos distribuidores que eligen una de estas alternativas de construir su negocio.

El servicio más grande que podemos prestar a nuestros nuevos distribuidores es apoyarlos a encontrar **cuál** método funciona para ellos. Luego, apoyarlos a **usar ese método** para construir su negocio exitosamente.

Las redes de mercadeo deben ser divertidas. Debemos disfrutar de nuestro negocio. Así que, ¿por qué arruinar tu diversión usando un método de construcción que detestas?

Adoración del ego y el héroe.

Aquí está cómo algunos líderes hacen que sus organizaciones se sientan muy incómodas. Si un método en específico funciona para ellos, éstos líderes creen que ese método debe de ser impuesto sobre todos los de su organización.

Por ejemplo, imagina que eres un líder y has construido tu grupo contratando anuncios por radio para las juntas de oportunidad.

¡Genial! Funcionará para ti.

Sin embargo, siendo humano, tú decides que has encontrado el **secreto único hacia el éxito**.

De hecho, insistes en que todos en tu grupo deben usar exactamente el mismo método. Tú quieres que tu organización te idolatre como el fundador de la última verdad del éxito dentro de las redes de mercadeo.

¿Luego qué sucede?

* Pronto las estaciones de radio están repletas de anuncios similares de parte de tu organización.

* Los radioescuchas pierden interés tan pronto escuchan la publicidad excesiva.

* Algunos de tus distribuidores hacen sus propias versiones de tu anuncio y, sus versiones no funcionan tan bien.

* Los prospectos con problemas auditivos nunca escucharán de tu oportunidad.

* Algunas comunidades no reciben buena recepción de radio.

* Algunos prospectos sólo miran televisión.

Entiendes el punto. Esta última verdad no es tan definitiva después de todo. No funcionará para todos dentro de tu organización.

Cómo se crean sistemas.

La mayoría de los sistemas de reclutamiento están basados en un incidente verídico. Desafortunadamente, es naturaleza humana el tomar incidentes aislados y creer que son verdades definitivas.

Por ejemplo, digamos que estoy conduciendo por la calle un día, escuchando un audio entrenamiento de "Big Al". El audio de "Big Al" es tan cautivador, que me olvido del tráfico y golpeo al auto frente a mí.

Ambos nos detenemos al lado del camino. El otro conductor sale de su coche, mira al daño en la parte trasera y comienza a caminar hacia mí. Golpea mi ventanilla. Yo abro mi ventanilla y digo:

–Hey, revisa este libro genial, "Cómo Hacerse Rico Sin Ganar la Lotería".

Él lee el libro en su auto mientras esperamos al oficial para que llene el reporte del accidente. Después de leer el libro me dice:

–¡Wow! ¡Este negocio de redes de mercadeo suena genial! ¿Cómo me puedo unir?

Este hombre eventualmente se convierte en el mejor líder de mi grupo.

¡Y ahora tengo un sistema!

Todos mis distribuidores deben salir a la calle y golpear por detrás a otros autos. Así es cómo conseguí a mi mejor líder. Mis distribuidores necesitan duplicar mi sistema de éxito. Suena tonto, ¿no es así?

Pero así es como la mayoría de los "sistemas" comienzan. Alguien tuvo una experiencia exitosa y ahora cree que todos pueden tener la misma experiencia exitosa.

El mito de la duplicación.

No estoy seguro de quién comenzó el rumor que tu organización debe ser capaz de duplicar todo lo que haces.

Si estás limitado a actividades de prospección y patrocinio que son fácilmente duplicables por tu organización, te puedes estar perdiendo de algunas posibilidades gigantes.

No hay más necesidad de **insistir** en duplicar ciegamente tus actividades que la de masajear tu ego.

Está bien usar actividades y métodos diferentes para conseguir los resultados que buscas.

* Sólo por que tú no conduces juntas de oportunidad, no significa que tu organización tenga prohibido el uso de esta actividad probada en su negocio.

* Sólo por que tú no contactas referidos, no significa que tu organización tenga prohibido el uso de esta actividad probada en su negocio.

* Sólo por que tú no contactas ni patrocinas a tus familiares, no significa que tu organización tenga prohibido el uso de esta actividad probada en su negocio.

Usa tus ventajas naturales.

Algunas personas tienen fortalezas naturales y talentos y deben de tomar ventaja de ellos para construir sus organizaciones de redes de mercadeo.

Uno de mis amigos tiene 10,000 personas en su lista de correo de clientes, quienes lo conocen, les agrada y confían en él. ¿Qué le voy a decir?

–No envíes correos o contactes a estas personas. Seguro, muchos de ellos estarían encantados de unirse y entrar a tu negocio, ¡pero ese método no se duplica fácilmente! Nadie más tiene 10,000 clientes. No lo hagas. Estás sentando un mal ejemplo.

No creo que pueda decir eso a mi amigo. Eso sería tonto. En su lugar, alentaré a mi amigo a contactar a su mercado natural incluso si pocas personas puedan duplicar su método.

¿Qué hay de alguien que es un gran orador que motiva multitudes a su causa? Si tu sistema insiste que todas las actividades sean llevadas a cabo uno a uno, en la mesa de la cocina, ¿no le estarías dando un mal consejo a tu distribuidor conferencista al no permitirle usar sus talentos naturales para construir su negocio?

La diferencia clave.

Lo que realmente necesitamos duplicar son… ¡resultados!

¿Cuales son los resultados que estamos buscando en redes de mercadeo?

Deseamos:

"Patrocinar distribuidores y hacerlos exitosos."

Si nos enfocamos en resultados, podemos permitir a las personas la libertad de conseguir esos resultados de muchas maneras diferentes.

* Algunos conseguirán resultados contactando prospectos por correo electrónico.

* Algunos conseguirán resultados haciendo fiestas de productos.

* Algunos conseguirán resultados al vestir trajes de tres piezas y conducir juntas de oportunidad.

* Y algunos conseguirán estos resultados incluso en bermudas, ¡en la playa!

La conclusión es:

No te preocupes en duplicar actividades.

Enfócate en duplicar resultados.

Por qué las técnicas y los sistemas rígidos no importan.

Al final, no es tanto el **qué** haces – es **quién** eres.

¿Alguna ves has visto a un nuevo distribuidor emocionado acerca de tu oportunidad? Tu nuevo distribuidor cometerá muchos errores y **aún así** patrocinará muchas personas.

¿Por qué?

Entusiasmo. Confianza. Creencia personal.

Estas cualidades irradian a través de la presentación de tu nuevo distribuidor con una voz tan alta que al prospecto no le importan los detalles del negocio. Los prospectos se unen por quién eres.

Ellos no se unen debido a que tu plan de mercadeo paga 4% en el nivel tres de los meses alternados, o por que tu producto tiene 21 diferentes certificaciones de 21 países diferentes.

Los prospectos te compran a **ti**... no a tu compañía.

¿Cómo aprendes la técnica de patrocinio que es correcta para ti?

Yo aprendí personalmente con prueba y error. Es una forma genial para aprender.

Desafortunadamente, la prueba y error tiene dos desventajas:

1. Toma mucho tiempo poner a prueba diferentes técnicas. Podría tomar años de prueba y error y podrías terminar con cicatrices sobre todo tu corazón y tu mente. Si tienes mucho tiempo y puedes esperar algunos años para hacer que tu negocio comience, entonces eres uno de los pocos afortunados. La mayoría de nosotros queremos resultados un poco más rápidos.

2. Es caro pagar todas tus campañas de prueba y error. Muy caro. Si tienes dinero para quemar, o sólo disfrutas estar quebrado y sufrir los abusos de la cobranza de las tarjetas de crédito, entonces no es tan malo. Sin embargo, la mayoría de nosotros detesta desperdiciar dinero.

¡Esas son las únicas dos cosas que tengo contra el método de prueba y error para encontrar una buena técnica de patrocinio que funcione para ti!

Hay una mejor manera.

Lee algunos libros. Asiste a seminarios. Consulta con tu patrocinador. Y escucha algunos audios de personas que han caminado antes que tú (revisa si algunos tienen cicatrices).

¿Por qué desgastarte y tirar mucho dinero cuando puedes leer o escuchar los resultados de líderes que han caminado antes que tú?

¡Capitaliza sobre la experiencia de otros! Aprende cómo ellos abordan los diferentes métodos de prospección y patrocinio.

Tú y tus líderes potenciales son lo suficientemente inteligentes para seleccionar las técnicas que disfruten.

Como mi buen amigo, Tom Paredes, dice:

–Incluso si vas a trabajar a McDonald's volteando hamburguesas, ellos te hacen pasar a través de su programa de entrenamiento.

Nuestro negocio es más complicado que voltear hamburguesas. ¿No crees que tiene sentido aprender o estar al tanto de las muchas maneras de conducir nuestro negocio?

**¿Cuál es el máximo secreto para el éxito
en redes de mercadeo?**

Es construir **líderes** y ayudarlos a que sean exitosos.

Los distribuidores vienen y van. ¡Son los líderes los que cuentan! Tú deseas desarrollar unos pocos líderes leales y después, si lo decides, te puedes retirar.

Si tuviera que hacer mi carrera de nuevo, yo me concentraría en construir y desarrollar un líder cada año.

Hablamos del efecto acumulativo de nuestros esfuerzos en redes de mercadeo. **Bien, sólo los líderes se acumulan.** Es por esto que debes enfocar tu esfuerzo en desarrollar líderes.

Tengo un amigo que comenzó conmigo en redes de mercadeo hace varios años. Perdimos contacto por más de 20 años. Durante los 20 años que nos separamos, ambos trabajamos duro en redes de mercadeo.

Cuando nos encontramos de nuevo, yo tenía una grandiosa, redituable y autosuficiente organización. Él estaba comenzando de nuevo.

¿La diferencia?

Yo había desarrollado algunos líderes durante mis 20 años de duro trabajo. Él había patrocinado distribuidores durante sus 20 años de duro trabajo. Ambos trabajamos duro.

Veinte años después él no tenía organización. Estaba comenzando de nuevo.

Mientras que no hay **un único camino** para construir tu organización de redes de mercadeo, puedes por lo menos enfocarte en esto:

1. Apoyar a tus nuevos distribuidores a encontrar cuál método de prospección funciona para ellos.

2. Luego, apoyarlos a convertirse en líderes haciendo lo que hacen mejor.

No nos quedemos atrapados en **cuál** actividad usa nuestra organización para construir su negocio, en su lugar, concentrémonos en sus resultados.

¿Quienes son los mejores líderes potenciales para patrocinar en tu negocio?

Cuando prospectas, deseas buscar ese importante ingrediente – motivación.

Mucha gente tiene **habilidades**, pero no **motivación**.

Por ejemplo, puedes conocer a un vicepresidente de un banco con muchos contactos, una personalidad maravillosa, y habilidades personales estupendas. Aún así, inclusive que el vicepresidente del banco tiene muchas habilidades, tú no tienes a un líder potencial si él no está **motivado** por un cambio en su vida.

¿Quienes serían los mejores prospectos?

Prospectos con un **intenso deseo de un cambio**. Algunos prospectos descan dcjar un aburrido empleo en la fábrica, un trabajo en ventas con mucha presión, o una carrera sin salida. Cuando ofreces una oportunidad de cambio, ellos tendrán una motivación total, 100% del tiempo.

No tendrás que enviarles un consejo motivacional cada día. No tendrás que consolarlos debido a que un prospecto no se unió. Estos líderes potenciales selectos tienen incorporada una motivación interna autosustentable. En otras palabras, ellos no necesitan un recordatorio constante del por qué están construyendo el negocio.

Además, los líderes altamente motivados no necesitan súper habilidades. Debido a su motivación incorporada, ellos siempre encuentran una manera de aprender las habilidades para hacer el trabajo.

El prospecto más motivado con habilidades mediocres siempre superará el rendimiento del prospecto no motivado con súper habilidades.

Recuerda, busca la **motivación** cuando prospectes por líderes potenciales, no **habilidades**.

1. Las habilidades pueden ser enseñadas.

2. La motivación es mucho más difícil de transmitir a un distribuidor.

**Tus distribuidores invierten tiempo y dinero
en entrenamiento… y no hacen nada.**

Uno de los principios de liderazgo que debemos seguir es:

"Nunca es tema de habilidad, siempre es tema de deseo."

En otras palabras, no importa cuánta habilidad posea un distribuidor, si el distribuidor no está motivado, **nada sucede**.

¿Alguna vez has visto que esto ocurra en tu negocio?

Digamos que tienes un nuevo distribuidor. Tu nuevo distribuidor no ha tenido el tiempo de asistir al entrenamiento y aprender sobre los ingredientes de cada producto. Tu nuevo distribuidor no leyó una sola página del manual de distribuidor. (¿Suena familiar?)

Sin embargo, ¡tu nuevo distribuidor está emocionado!

¿Por qué?

Esta es la oportunidad de la vida para construir un negocio, renunciar a su viejo empleo, viajar, pasar tiempo con la familia y realmente soñar y disfrutar de la vida. Tu distribuidor emocionado habla con todos.

¿El resultado?

Muchos nuevos distribuidores patrocinados en su primer mes. Tu nuevo distribuidor tiene un emocionante grupo en crecimiento. Y, tu nuevo distribuidor aún **no sabe nada** sobre su negocio.

¿Qué hay del profesional experimentado?

Digamos que tienes a un distribuidor experimentado, con conocimiento y cinco años de trayectoria. Ha acumulado todo el conocimiento del mundo, todo el entrenamiento del mundo, y todas las habilidades necesarias para construir una poderosa organización.

Sin embargo, durante ese mismo mes que tu nuevo distribuidor patrocinó muchos nuevos distribuidores, ¡tu distribuidor experimentado **no ha** patrocinado una sola persona!

Incluso cuando tu distribuidor experimentado posee todo el conocimiento, todo el entrenamiento y todas las habilidades, **nada sucedió.**

¿Cuál fue la diferencia?

Deseo.

El deseo es lo que enciende esa motivación interna.

Cuando una persona tiene motivación, las cosas suceden. Verás, no es importante si el distribuidor tiene una correcta declaración de cierre o un folleto. Lo que importa es que el distribuidor tenga el deseo de patrocinar personas nuevas.

Si tu deseo es lo suficientemente grande, encontrarás la manera de hacer el trabajo.

Un buen ejemplo es la natación. Si no sabes cómo nadar, ¿qué es lo que harías si accidentalmente caes en el lado profundo de una alberca?

¿Darías brazadas furiosas y lucharías hasta la orilla de la alberca?

¡Apuéstalo!

Incluso si no tuvieses la habilidad de nadar, tu deseo de continuar vivo te motivaría a nadar como perrito, patalear y luchar durante el camino hasta la seguridad.

¡Tienes el deseo!

¡Rápido! Dame un manual de cómo nadar.

Lo que **no** dirías cuando cayeras en la alberca sería esto:

* Nunca he tomado clases de natación antes. ¿Cuándo es la próxima oportunidad para registrarme en alguna clase?

* ¿Me podrían pasar un libro sobre natación? Quisiera estudiarlo ahora.

* Probablemente me ahogaré por que mi patrocinador vive muy lejos.

* ¿La compañía no tiene en existencia el video de habilidades de nado? Bueno, mejor renuncio y me ahogo.

* Mis línea de patrocinio nunca tuvo lecciones de natación en horarios accesibles. Es su culpa que me vaya a ahogar ahora.

* Nunca tuve que aprender a nadar en mi anterior compañía. ¿Por qué requieren que aprenda ahora?

* El anuncio decía "Todo lo que tienes que hacer es afiliarte, nosotros haremos el resto. Nosotros patrocinaremos, entrenaremos y construiremos tu organización por ti. No tendrás que aprender a nadar."

No, no dirías ninguna de las excusas anteriores. Cuando tienes deseo, ninguna de las excusas anteriores significa nada. Tú solo encuentras la manera de conseguir tu meta, incluso si no tienes el conocimiento, entrenamiento o habilidades para realizar el trabajo. Con deseo, todo es posible.

El Test de Dave.

Mi buen amigo Dave, hace redes y vende un servicio.

Dave dice que su compañía provee al nuevo distribuidor con un excelente paquete de entrenamiento, repleto de conocimiento genial e información. Muchos nuevos distribuidores llevan el paquete a casa, lo estudian, lo digieren, resaltan los puntos clave, reflexionan sobre las técnicas de entrenamiento, y bien, **ellos nunca salen y hablan con su primer prospecto**.

Así que Dave intentó con este experimento.

En lugar de darle el paquete de entrenamiento a algunos nuevos distribuidores, Dave sólo le dio a estos distribuidores algunos formularios de servicio para nuevos clientes. Los nuevos distribuidores fueron con sus prospectos, le preguntaron si querían probar el servicio, llenaron los formularios, y después…

¡Regresaron con Dave a pedir más formularios!

Estos nuevos distribuidores inmediatamente se pusieron en acción. En lugar de estudiar y reflexionar, ellos salieron a hacer el trabajo.

Ahora, quizá estos nuevos distribuidores no tendrán todas las respuestas, y quizá ellos no tienen todas las habilidades, pero aún así hicieron el trabajo.

Ellos querían construir su negocio de redes.

Cuál es el punto?

No estoy diciendo que debas esconder los paquetes de distribuidor. Dave sólo hizo eso para su experimento de demostrar un punto. La lección real aquí es:

No culpes la inactividad en la falta de entrenamiento de habilidades. Culpa la inactividad en la falta de deseo.

¿Qué significa esto para los líderes? ¿Qué podemos aprender del experimento de Dave con el deseo?

Quizá podemos cambiar lo **que** hacemos como líderes.

Quizá es más importante el **crear deseo** y dar a los nuevos distribuidores una **visión**.

Quizá es menos importante dar a los nuevos distribuidores todas las habilidades paso a paso para hacer el trabajo.

Ahora, recuerda tu último programa de entrenamiento.

¿Cómo usaste tu tiempo?

¿Pasaste la mayoría de tu tiempo apoyando a tus distribuidores a crear deseo?

Si tu sesión de entrenamiento fue como la mayoría de las sesiones de entrenamiento, el tiempo pasó en:

* Comprender el porcentaje de pago en Nivel Cuatro cuando la calificación de bono es igual a la Zona Tres.

* Los tipos de antioxidantes y las pruebas de efectividad más recientes cuando el pH del cuerpo es alcalino.

* Aprender a coordinar el panfleto con la presentación memorizada.

* Dominar los cuatro tipos de cierres fuertes y los tres tipos de cierres de prueba.

* Mirar diapositivas y estadísticas que mostraban que el mercado de redes de mercadeo crecerá 80% en los próximos cuatro años.

* Las siete diferentes maneras de llenar la aplicación mientras tu prospecto no está mirando.

* Cómo manipular el plan de compensación para sacar hasta el último centavo en comisiones.

Ahora, todo esto está bien. Es genial conocer estas cosas. Y, tu distribuidor debe aprender habilidades.

Sin embargo, si tu distribuidor no está motivado, mantendrá todo este conocimiento y habilidades... **¡en secreto!**

Así es. Si la motivación y el deseo de tu distribuidor no es más **grande** que su miedo al rechazo, entonces no sucederá nada.

Y es por eso que mucho de nuestro tiempo de entrenamiento queda desperdiciado. Entrenamos a nuestros distribuidores para situaciones que nunca ocurrirán.

Nuestros distribuidores nunca entrarán en contacto con un prospecto... a menos que tengan el deseo.

¿Cuál es la solución?

No estoy diciendo que debas de retener información y habilidades de tus distribuidores.

Lo que estoy diciendo es: "Asegúrate de apoyar a tu nuevo distribuidor a **encontrar una razón que lo motive a construir su negocio.**"

Querrás encontrar una razón que lo motive que sea tan grande que el miedo al rechazo parezca pequeño e insignificante. Así es como haces que los nuevos distribuidores salten a la acción.

¿Cómo podemos hacer que nuestros distribuidores se enfoquen en una razón irresistible que los emocione?

Haz preguntas.

Harás que tus distribuidores piensen cuando haces preguntas perspicaces y afiladas.

¿Qué puedes preguntar?

Casi cualquier pregunta será mejor que ninguna pregunta. Y nota, la pregunta no es tan importante como la respuesta. Asegúrate que das a tu nuevo distribuidor tiempo para reflexionar y ponderar sus respuestas. **La magia está en la respuesta, no en la pregunta.**

Aquí hay algunas ideas para hacer preguntas:

* Cuando tu cheque comience a crecer, ¿qué harás con el dinero?

* ¿Quién estará especialmente orgulloso de ti cuando construyas un gran y exitoso negocio?

* ¿Cuales son tus pasatiempos favoritos?

* ¿Cuánto tiempo pasas en el trabajo, y cuánto tiempo pasas con tu familia?

* Si no tuvieses que ir a trabajar, ¿cómo pasarías ese tiempo?

* ¿A quién puedes ayudar más al ser exitoso en este negocio?

* ¿Cómo te ves a ti mismo dentro de cinco años?

* ¿Cuál es la razón más importante por la que quieres trabajar este negocio?

Son sólo preguntas de muestra. Recolecta algunas preguntas por tu cuenta con las que te sientas cómodo.

Una vez que hayas localizado ese deseo ardiente, la razón por la cual tu distribuidor quiere hacer el negocio, entonces tu trabajo se facilita bastante.

Por ejemplo, imaginemos que tu nuevo distribuidor quiere construir un negocio de redes de mercadeo grande y exitoso.

¿Por qué?

Para desquitarse con su nefasto, déspota y fanfarrón cuñado. Tu nuevo distribuidor quiere ganar suficiente dinero para comprar un auto deportivo turbocargado y con llantas anchas. Luego, tu nuevo distribuidor planea hacer girar esas llantas por toda la cochera de su cuñado y dejar marcas negras de caucho por todas partes.

Ahora, puede que no estés de acuerdo con la motivación de tu nuevo distribuidor, pero eso no es tu trabajo. Tu trabajo es apoyar y respaldar a tu nuevo distribuidor y permitirle la libertad de elegir por qué desea hacer el negocio.

Así es como tu trabajo se facilita. Debido a que conoces el deseo ardiente de tu nuevo distribuidor, los obstáculos y objeciones son fáciles de superar. Por ejemplo:

Objeción: No creo que quiera asistir a la junta. Está lloviendo afuera.

Tu: Pero quieres dejar esas marcas negras de caucho por todas partes en la cochera de tu cuñado, ¿o no?

Tu nuevo distribuidor instantáneamente se desenfoca de la objeción e instantáneamente se enfoca en su razón para construir el negocio.

Una vez que sabes la razón por la cual tu nuevo distribuidor quiere se exitoso, puedes usar la misma respuesta en casi cualquier objeción.

Objeción: La compañía puede subir los precios de nuevo.

Tu: Pero quieres dejar esas marcas negras de caucho por todas partes en la cochera de tu cuñado, ¿no es así?

Objeción: Mi mejor distribuidor renunció. Quizá me quedaré en casa.

Tu: Pero quieres dejar esas marcas negras de caucho por todas partes en la cochera de tu cuñado, ¿no es así?

Objeción: No es justo que Mary hablara tanto en la última reunión.

Tu: Pero quieres dejar esas marcas negras de caucho por todas partes en la cochera de tu cuñado, ¿no es así?

Objeción: Esto parece difícil de hacer.

Tu: Pero quieres dejar esas marcas negras de caucho por todas partes en la cochera de tu cuñado, ¿no es así?

Si el deseo de tu nuevo distribuidor es lo suficientemente grande, ninguna objeción, ningún obstáculo, ninguna falta de entrenamiento o habilidades lo mantendrá alejado de su éxito.

Recuerda, tu nuevo distribuidor no sabe qué tan importante es el deseo. Tú lo sabes.

¿Puedo afiliar 100 personas en una semana?

Durante uno de mis talleres de mercadeo, pregunté cuantas personas en el salón podrían afiliar a 100 personas en la próxima semana. El salón estaba lleno, aún así **no se levantó una sola mano**.

Entonces saqué mi chequera y mi pluma, y pregunté:

−¿Cuántas personas en este salón podrían afiliar a 100 personas en la próxima semana si tuviesen un cheque por $50,000 con su nombre esperando?

Esta vez, como la mitad de las personas en el salón rápidamente levantó su mano.

¿Qué cambió?

No fue motivación monetaria o ningún otro incentivo lo que cambió su mente, debido a que no habían recibido el dinero o el incentivo aún.

Lo único que cambió fue esto:

Cambiaron su mente de pensar **"No puedo"** a pensar **"Yo puedo."**

Y cambiar la mente de una persona no cuesta ni un centavo.

¿Qué tal si dicen No?

Incluso la acción sin educación es mejor que asistir a entrenamientos durante varios años sin acción.

¿Tienes distribuidores que están aún esperando para comenzar en el negocio? ¿Tienen constantemente una excusa más del por qué no pueden comenzar ahora mismo?

Aprendí esto de uno de los empresarios de redes más listos que conozco, Richard Brooke. Él escribió el libro *La Carrera de los Cuatro Años: Cómo Hacer Realidad Tus Sueños de Diversión y Libertad Financiera... O No.*

Si preguntas a Richard:

−¿Con quién hablo, qué digo, y qué tal si dicen No?

Richard tiene una simple respuesta. Y amo su respuesta. Su respuesta concluye la conversación y el nuevo distribuidor ve el negocio de la manera en la que nosotros vemos el negocio.

Esto es lo que Richard dice:

–Mira, ¿qué tal si en lugar de que te convirtieras en un distribuidor, simplemente te contratamos? Este es tu trabajo: ve y habla con dos personas por día, cinco días por semana, durante cuatro años. No importa si se unen al negocio. No importa lo que digan, o cuales objeciones tengan – sólo responde con lo mejor de tu habilidad y sigue la corriente, no importa.

Si fallas en hablar con dos personas por día, estarás despedido, y no puedes volver a trabajar con nosotros de nuevo. ¿Entiendes eso?

No te pagaremos un centavo por tus primeros cuatro años. Pero si no has faltado un día, al terminar esos cuatro años, te pagaremos $100,000 por año por el resto de tu vida, no importa lo que hagas."

¿Podrías desempeñarte con ese contrato?

Cualquiera podría.

De repente, todas las preguntas de tu distribuidor están contestadas. El ve lo que tu ves.

¿Con quién va a hablar tu distribuidor? Quien sea.

¿Qué es lo que dirá tu distribuidor? Lo que sea que le venga a la mente.

¿Que tal si el prospecto dice 'No'? Tu distribuidor tiene cuatro años de prospectos para elegir.

Verás…

"Nunca es cuestión de maestría, siempre es cuestión de deseo."

Líderes instantáneos, éxito instantáneo.

El éxito instantáneo en redes de mercadeo es raro. Y cuando el éxito instantáneo ocurre, usualmente hay una razón. Recuerda, las cosas no son siempre como aparentan.

Muchas veces escucharás a una presentadora en un evento o junta de oportunidad decir:

–Sólo me afilié, hable con unas pocas personas, ¡y caramba!, sólo en un mes alcancé el nivel más alto, y necesitaron un camión para entregar mi gigantesco cheque. Cualquiera puede hacer este negocio.

Bien, lo que dijo la oradora puede ser cierto. Alcanzó el tope y fue muy rápida. Desafortunadamente, debido a **cuestiones de tiempo** en la reunión, la oradora no contó la historia completa.

Verás, la razón por la cual la oradora patrocinó una organización tan grande en sólo 30 días fue:

1. Tenía 20 años de experiencia previa en redes de mercadeo. Tenía muchos contactos, relaciones y amigos que la conocían, confiaban en ella y la respetaban. Ya que ellos también eran empresarios experimentados en redes de mercadeo, fueron capaces de patrocinar muchos distribuidores rápidamente. La oradora tenía **20 años de**

preparación para este supuesto "éxito relámpago de un mes".

2. O quizá la oradora fue puerta por puerta en su ciudad y todos con los que habló se unieron al programa. Muy mal que no hubo suficiente tiempo durante la reunión para mencionar que su madre era la alcalde del pueblo, era dueña de todas las casas, y los inquilinos se sintieron obligados a hacer lo que fuese que la hija sugiriera.

3. La oradora trabajó como profesora asistente por 40 años en la comunidad. Ella también fue maestra de deportes en la secundaria. Todos en el pueblo la conocen, confían en ella y la respetan. De hecho, le dio clase a la mayoría de los residentes del pueblo. ¿Cómo decir No a la persona que te pedía limpiar los borradores de la pizarra?

¿Éxito instantáneo?

No lo creo.

Debes de ganar tu éxito en redes de mercadeo. Es por ello que algunas personas crecen más rápido que otras.

Así que, si no tienes amigos, la gente te odia, y nadie te respeta, bien, sólo deberás de comenzar a construir algunas nuevas relaciones para comenzar tu negocio. Una vez que hayas construido las relaciones, tu negocio crecerá.

Las redes se hacen con personas que confían en ti. Si no tienes nadie con quien construir una red, sal y construye algo de confianza.

¿Así que es por eso que algunas personas se convierten en éxitos instantáneos?

Sí.

Ellos ya han estado haciendo redes por años y años.

Considera esto. Cuando comencé mi carrera en redes de mercadeo, vivía en una nueva ciudad donde conocía a muy pocas personas. Era un introvertido. Sin vida social, ni actividades en el exterior. No tenía prospectos de "mercado caliente".

No es sorpresa que fuese tan duro para mí el comenzar. Tenía disfunción social, era tímido y no conocía a nadie.

Pero tenía un amigo llamado John. Él comenzó al mismo tiempo que yo. Construyó un grupo instantáneo. ¿Por qué?

Él había vivido en nuestra ciudad toda su vida. Era extrovertido y tenía muchas actividades en el exterior con otros grupos de personas. Él tenía una **ventaja de 25 años** sobre mí en su carrera de redes de mercadeo. No es sorpresa que su grupo haya crecido tan rápido, mientras yo me preguntaba qué estaba sucediendo.

Tuve que construir nuevos contactos y nuevas relaciones cuidadosa y metódicamente. Además, tenía que conseguirme una personalidad también.

¿Hay una lección de prospección aquí?

Oh sí. Una gran lección.

Si patrocinas constructores de redes **experimentados** en tu negocio, tu negocio crecerá rápido.

Ahora, aquí está a lo que me refiero por constructores de redes **experimentados**. Estas personas han estado construyendo redes toda su vida. Encontrarás a estas personas en profesiones tales como:

1. Planificadores de boda.

2. Agentes de seguros.

3. Ministros.

4. Políticos.

5. Vendedores.

6. Profesores.

7. Agentes de bienes raíces, etc.

Quieres patrocinar a personas que **ya han** hecho la parte dura de las redes de mercadeo, construir una lista de prospectos que los conocen, les agradan y en quién confían. Esto toma tiempo. Y esto también toma algunas habilidades sociales. Así que para construir rápido, sólo picnsa:

"¿A quién conozco que es un **experimentado** constructor de redes?"

"Hay dos tipos de personas en el mundo."

¿Sólo dos?

Me gusta mirar a las personas como parte de uno de estos dos grupos.

1. Aquellas personas que buscan las razones por las cuales las cosas pueden funcionar.

2. Aquellas personas que buscan las razones por las cuales las cosas pueden no funcionar.

Verás a estas personas cada día de tu vida. Ellos crean su propia felicidad y éxito, o… crean su propia frustración, tristeza y pasan su tiempo actuando como una víctima de todas las malas cosas que la vida les trae.

Cómo funcionan las cosas en el mundo real de las redes de mercadeo.

Mary conduce al trabajo y encuentra un embotellamiento gigante. Ella piensa:

–Es un día muy bonito. El sol está brillando. Déjame escuchar el nuevo lanzamiento de mi artista favorito.

Ben, conduce al trabajo también. Sucede que él también está en el mismo embotellamiento que Mary. Él piensa:

–Mira este embotellamiento. ¿Por qué el gobierno no construye caminos más anchos? ¿Qué idiota programó esta reparación del pavimento en hora pico? Estoy perdiendo mi tiempo sentado aquí en este tráfico. Llegaré tarde al trabajo. Me quejaré y haré sonar el claxon por los próximos 15 minutos.

Ben toca el claxon con un estruendoso e irritante ruido. Ben está furioso. Delante de Ben, el conductor se cansó de escuchar el claxon. Sale de su auto, sujeta la llave de cruz, camina hacia el auto de Ben… ¡y **destroza** el parabrisas de Ben!

Ahora Ben está realmente molesto.

Él piensa:

–¡Mira eso! ¡No sólo estoy atascado en el tráfico, mi parabrisas ha sido vandalizado! Nunca hay ningún policía cerca cuando se necesitan. Pago mis impuestos y nunca recibo la protección que necesito. ¡Soy una completa **víctima**! El mundo continúa **saboteándome**. ¿Cómo puedo llegar al trabajo con un parabrisas roto? No es **mi** culpa. ¡El gobierno debería protegerme contra estos vándalos!

No hace falta decir, que Ben lleva una vida de **sabotaje personal** y sufrimiento. Él literalmente **crea** los resultados en su vida, pero nunca se da cuenta que sus circunstancias son **auto-inducidas**. En lugar de eso, Ben culpa a la economía, al gobierno, a su familia, a sus amigos, a su trabajo, al clima, a las leyes, a su patrocinador, a su organización, a la compañía, ¡y a su perro desleal!

Todas las energías de Ben se gastan en **tratar que el mundo cambie**.

Ben es una víctima profesional, y el mundo debería de sentirse apenado por él y solucionarlo todo por él.

Ben llegó al trabajo maldiciendo las terribles circunstancias que ha soportado. Los compañeros de trabajo de Ben rápidamente le dieron la espalda y lo ignoraron. Ellos no querían unirse o ser parte de su mundo.

¡Pero espera!

¿Qué hay de Mary?

Mary está en el mismo embotellamiento. Ella tiene la misma oportunidad que Ben.

Así que, ¿qué hizo Mary con su oportunidad?

Ella **eligió** disfrutar la vida. Escuchar su música favorita. Disfrutar del hermoso día. Ella llegó al trabajo con una sonrisa.

Los compañeros de trabajo de Mary la rodearon. Ellos disfrutaban la compañía de Mary. Ellos **querían** ser parte del mundo de Mary.

Mary tenía la **misma** oportunidad de redes de mercadeo que Ben. Ella **creaba** sus resultados. Las personas estaban **atraídas** a Mary. Ellos **querían** estar asociados con Mary.

Aquí está lo que encuentro tan interesante.

Mary no cambió sus circunstancias. Ella no hizo que el gobierno construyese caminos más anchos. Ella no culpó a sus línea de patrocinio, a su organización, a su compañía o a su perro. Todo lo que Mary hizo fue elegir sus acciones personales. Y elegir nuestras acciones personales está enteramente dentro de nuestro control.

Ben intentaba hacer que el mundo cambiara. Él sentía que no podía ser felíz o exitoso a menos que todo cambiara. Él culpaba al gobierno, a su línea de patrocinio, a su organización, a su compañía y a su perro. Ben se sentía **impotente**. Ben sentía que era una víctima. Ben se sentía débil y que no tenía el poder de elegir sus acciones personales. Y Ben sentía que cuando las personas lo evitaban, no tenía nada que ver con él. Siempre era culpa de todos los demás.

Así que, ¿qué podría el mundo hacer por Ben?

Nada.

Incluso si alguien cambiase el clima, reemplazara a su perro, o ensanchara las calles, Ben se seguiría sintiendo como una víctima impotente, y continuaría buscando por más señales de que el mundo "está tras de él".

Ben interpretaría la próxima señal de alto como un complot perverso que impide su éxito. No hay nada que tú o el mundo pueda hacer para ayudar a Ben. Él continuará arrebatando la derrota de las fauces de la victoria.

Si le compras a Ben un boleto de primera clase al paraíso, él sólo se quejaría del mal de alturas.

Ben nunca comprende que el mundo en el que vive... es **creado por él**.

Cuando te atraviesas con los Bens del mundo, ¿qué debes hacer? Tú sabes que ellos sólo buscarán las "razones por las que las cosas no funcionan".

Para los Bens en tu vida, en lugar de intentar cambiar todo en el mundo, prueba concentrándote en cambiar su panorama hacia el mundo.

Ahora, este es un trabajo de tiempo completo incluso para los psicólogos mejor entrenados, así que no te enganches por completo en la labor de misionero para cambiar a los Bens del mundo, esto sería una profesión frustrante y de poco sueldo.

Pero quizá, puedas prestar a los Bens del mundo unos cuantos audios y ver si ellos dan el primer paso para alejarse de ser víctimas profesionales. No puedes costear el desperdiciar tu vida atascándote en el hoyo negro de sus vidas.

Cuando te atraviesas con las Marys del mundo, ¿qué debes hacer?

¡Celebra!

Las Marys del mundo han aprendido que si buscan las razones "por las que las cosas van funcionar", entonces los prospectos naturalmente estarán **atraídos** hacia ellas. Tendrán multitudes de prospectos esperando asociarse con ellas. No tendrán que publicar anuncios, hacer llamadas en frío con prospectos, o suplicar a desconocidos para que se afilien. Ellas crean una atmósfera que atrae a personas que piensan similar.

¿Y tu decisión será?

Ya que el día de hoy está disponible para todos, ¿cuál decisión vas a hacer?

¿Harás la misma decisión que Ben?

Entonces experimentarás soledad, frustración y depresión. Publicar un anuncio más en busca de prospectos **no** hará la diferencia. Nadie quiere seguir a un líder en una misión suicida.

O, ¿harás la misma decisión que Mary?

Entonces experimentarás alegría, riqueza, relaciones satisfactorias, y un negocio más exitoso.

"Podemos hacer del mundo un lugar mejor para vivir, pero no podemos hacerlo un lugar más felíz para vivir."

Puedes trabajar 24 horas al día para hacer las cosas mejores para tus distribuidores. Puedes encontrar nuevas soluciones para sus problemas.

Pero, no puedes hacer felíz a las personas.

No importa lo que hagas, las personas pueden elegir estar felices por ello, o tristes. Es su elección personal.

Si tu compañía cambia las etiquetas de producto de azul a verde, todos pueden decidir cómo reaccionan a este evento.

Queremos que los líderes potenciales sepan que no importa qué tan duro lo intenten, algunas personas no se unirán, algunas personas no vendrán, y algunos de sus distribuidores pensarán que no hacen lo suficiente.

Si alguien no está felíz, es su elección. Podemos elegir ser felices sobre la mayoría de los eventos si así lo deseamos. Cambiar los eventos y cambiar los problemas no garantiza que las personas sean felices.

La felicidad en otros no está dentro de nuestro control. Como podrás ver en el próximo ejemplo, sólo los demás pueden determinar que tan felices o deprimidos son.

***

Durante nuestro crucero anual de Día de Gracias, observé un buen ejemplo del por qué algunas personas están **condenadas al fracaso** en redes de mercadeo.

Estaba parado en la fila del bufete. Dos hombres estaban hablando. Ésta era su conversación:

Hombre #1: –No puedo creer qué tan tranquilo y relajado está hoy. Es hermoso. ¡Hermoso!

Hombre #2: –No sucede nada en este crucero. Es aburrido. Qué perdida de tiempo.

Hombre #1: –Hey, ¡mira! Hay tres tipos diferentes de camarones como aperitivo.

Hombre #2: –La comida en este crucero no es tan buena como en mis últimas vacaciones. No sé cómo pueden servir esto.

Hombre #1: –Creo que tomaré tres postres conmigo en esta vuelta al bufete.

Hombre #2: –El mayordomo de mi habitación es grosero y no me gusta la manera en que limpia mi habitación. Y el agua de la ducha está muy caliente.

Hombre #1: –Estoy esperando el espectáculo de Las Vegas de esta noche. ¿Quieres venir conmigo? Podemos conseguir asientos de primera fila si llegamos 15 minutos temprano.

Hombre #2: –¡Claro que no! La música es muy ruidosa y todo ese baile y canto… podría ver eso en la televisión si me interesara.

Hombre #1: –Hay que servirnos algo de helado. ¡Puedes comer tanto como quieras!

Hombre #2: –Esa cosa te hace engordar. Yo he probado mejores helados en la nevería cerca de mi casa.

Hombre #1: –Me encantan los cruceros. Es una genial forma de viajar y relajarnos.

Hombre #2: –Ya extraño mi casa. Es muy aburrido. El barman no me sonríe. El sol es muy caliente. Hay muchas actividades. Todo mundo corre frente a mí con sus irritantes sonrisas en el rostro. No se puede conseguir el diario del día y no me gusta ninguna de las películas gratuitas que transmitirán en la noche. Mi agente de viajes me cobró demasiado. El capitán no nos lleva por donde quiero que nos lleve. El agua de la piscina me deja mojado…

***

Así que, ¿cuál es el resultado final?

No hay nada que tu negocio, tu línea de patrocinio, tu organización, o tu perro pueda hacer para cambiar lo que experimentas en tu vida.

La buena noticia es que puedes elegir controlar lo que estás experimentando en tu vida.

La mala noticia es que puede que no lo hagas.

Creando un punto de vista diferente.

Tu distribuidor se queja:

–No veo cómo pueda hacer algún dinero. Es decir, conduzco por toda la ciudad, con la esperanza de reunirme con un prospecto, comprarle un café, dejar algún material... y después, **cuando** se afilie, sólo voy a hacer $10 en comisiones por mes. ¡Eso apenas paga por la gasolina y el café! Esto no me emociona.

Y el distribuidor está en lo correcto. Eso no es muy emocionante. No puedes comprar mucho en estos días con sólo $10.

Y todo es nuestra culpa.

Verás, le damos al distribuidor el punto de vista equivocado en nuestro entrenamiento. Es **lo que decimos y lo que hacemos** lo que hace la diferencia al entrenar a nuestros distribuidores.

Sólo un simple reformulación de nuestro entrenamiento pudo haber hecho emocionar a nuestro distribuidor. Todo lo que tenemos que hacer es poner el bono mensual de $10 en términos **anuales**. Suena mejor cuando decimos:

–Y cada vez que un prospecto se afilia, tú puedes ganar hasta $120 en bonos sólo en tu primer año, con la oportunidad de ganar mucho, mucho más en los próximos años. Es una muy buena retribución por sólo unos pocos minutos de tu tiempo y una taza de café.

¿Ves la diferencia? Es lo que decimos y lo que hacemos.

O, ¿qué tal este ejemplo de Wes Linden en Inglaterra? Wes vende servicio eléctrico. Él hizo una publicación en Facebook que decía:

"Pasé 35 minutos mostrando a un amigo de mi padre cómo ahorrar dinero en su factura. Ayer me pagaron por esa conversación de 35 minutos por 194va ocasión."

Qué manera tan genial de reformular el pensamiento de nuestro distribuidor en sólo unas cuantas palabras.

Y, esa también es una manera genial de explicar el ingreso residual contra el ingreso lineal/empleo, de una ocasión.

Enseñando a los distribuidores cómo cambiar las creencias de sus prospectos.

Una vez que re-educas a tus prospectos, sus vidas nunca serán iguales. ¿Por qué?

Las personas tienden a notar cosas que soportan sus creencias. Cuando le das a las personas un nuevo conocimiento, nuevas creencias, y nuevos puntos de vista, ellos constantemente verán hechos que soportan tu propuesta de negocios. Eso significa que una simple llamada de seguimiento o contacto puede catapultar tus resultados.

¿Cómo funciona este nuevo punto de vista?

Por ejemplo, estás conduciendo por la calle. Muchos autos pasan a tu lado. Algún Corvette, algunos BMW, algunos KIA (un poco lentos), algunos Ford, etc. Muchos, muchos autos.

¿Los identificas a todos? No realmente.

Ahora, imagina que compraste un nuevo Mercedes. Conduces por la misma calle y pasas los mismos autos que el día anterior. ¿Identificas todos los Mercedes? Seguro. Debido a que ahora conduces un Mercedes. Ahora notas **cada** Mercedes que cruzas. Tienes un nuevo punto de vista concerniente a los coches Mercedes.

Otro ejemplo. Digamos que piensas que todas las personas en el vecindario son idiotas, pelmazos, imbéciles y un desperdicio de seres humanos. Notas cada error que hacen y te dices a ti mismo: –¡Sip! Ahí van de nuevo, bola de perdedores.– Tu consciencia se sale de su camino para localizar ejemplos que validen tu creencia.

Vemos ejemplo tras ejemplo de este fenómeno, todos los días.

* Si una mujer tiene una mala experiencia con un hombre (raro, pero es posible), ¿tenderá a pensar que todos los hombres son pelmazos y notará eventos que demuestren su punto?

* Si un hombre compra un auto extranjero que resulta ser una cafetera, ¿encontrará ejemplos constantemente de artículos extranjeros baratos y de baja calidad?

* Si crees que hoy será un día genial, ¿notarás un bello cielo y un precioso paisaje?

* Si crees que hoy será un día terrible, ¿notarás los embotellamientos, la basura en las calles y los rostros tristes de la gente que va al trabajo?

El punto es éste:

Las personas usualmente experimentan lo que creen.

Sus mentes buscan ejemplos de pruebas para validar sus creencias.

¿Este es un fenómeno humano reciente? No.

Aquí hay una cita del *Libro de los Hechos* de Isaac Asimov:

"Abraham Lincoln estaba convencido toda su vida que él, como su madre, Nancy Hanks, era ilegítimo. Y él observó que los 'bastardos son generalmente más listos, perspicaces, y más inteligentes que otros.' No fue hasta su asesinato que se comprobó que Lincoln había sido legítimo."

Así que incluso el Presidente Abraham Lincoln buscó experiencias que justificaban sus creencias.

Está bien, está bien. Estás pensando: -Sí, ese es un lindo fenómeno psicológico… aburrido. ¿Cómo ayudará eso a mi negocio?

¡Inmensamente!

Todo lo que tienes que hacer es… dar a tu prospecto una nueva creencia y tu prospecto encontrará experiencias para validar que tienes razón. Es correcto. Tu prospecto hará todo el trabajo por ti.

¿Quieres ver cómo funciona esto?

Digamos que tienes un vecino que sale al trabajo diariamente. ¿Su creencia? Tienes que ir a trabajar diariamente para ganarte la vida. Tu vecino no cree en las redes de mercadeo. Las redes de mercadeo son poco convencionales. No puedes ganar dinero si no tienes un empleo real.

Nuestra tarea es gradualmente darle a nuestro vecino una nueva creencia. No queremos suplicar o forzar nuestra oportunidad sobre nuestro vecino. Queremos que nuestro vecino se ofrezca como voluntario para asistir a una junta de oportunidad.

Aquí está cómo lo haremos.

Una mañana di a tu vecino:

–Buen día, vecino. Qué bueno ver que sales de nuevo al trabajo un día más. Hey, ¿alguna vez has visto por la ventana del trabajo? ¿Has visto a toda esa gente caminando por ahí en las calles y banquetas? Cuando sales a tu hora de comida al centro comercial, ¿has visto a toda esa gente comprando? Me pregunto que harán para vivir, ¿por qué no tienen un empleo regular?

Acabas de plantar la semilla.

Tu vecino ve a muchas personas felices de compras mientras está comiendo. Él piensa: –¿Tienen horarios diferentes? ¿Tienen negocios propios? ¿Cómo es que tienen tiempo libre para hacer compras en un día entre semana?

Cuando tu vecino mira por la ventana de la oficina, él ve a la gente jugando en el parque. Él piensa: –No todos pueden ser millonarios o jubilados. ¿Cómo es que se ganan la vida y aún tienen tiempo de jugar en el parque?

A todas partes que tu vecino mira, él ve personas que no están trabajando. Muchas personas independientes. Muchas personas felices. Ahora, estas personas estaban ahí todos los días, pero tu vecino no los notaba. Hasta que le diste a tu vecino una nueva creencia.

Hora de la cosecha.

Una semana después, ves a tu vecino regresando del trabajo. Tú dices:

−¿Qué tal, vecino? ¿Largo día en la oficina, eh? ¿Alguna vez has considerado un negocio de tiempo parcial o tiempo completo que te permita tener tiempo para hacer lo que a ti te gusta hacer?

Tu pregunta ahora tiene validez, es real. Tu prospecto vio cientos de personas la semana pasada que no están atadas a un trabajo de 9 a 5. De hecho, a donde sea que tu prospecto miraba, él veía personas que estaban disfrutando y no estaban encarcelados en un edificio de oficinas.

¿Cuál es la actitud y respuesta a tu pregunta de prospección de parte de tu vecino? Él piensa: −Muchas personas tienen tiempo libre durante el día y aún así se ganan la vida. ¿Por qué no revisar esta idea de un negocio de tiempo parcial?

¿Ves la diferencia? Si haces la pregunta de prospección a tu vecino **antes** de que tenga la nueva creencia, serás derribado en llamas. Tu trabajo es simplemente cambiar las creencias del prospecto. El resto es fácil.

Los profesionales en redes de mercadeo saben que cuando cambian las creencias de los prospectos, los prospectos vienen a ellos.

¿Quieres más ejemplos? Aquí hay algunas creencias de prospectos que pueden estar frenando tu negocio:

1. No se puede perder peso con pastillas o malteadas.

2. Nadie gana dinero en redes de mercadeo.

3. Sólo las personas de arriba ganan mucho dinero.

4. Redes de mercadeo son ventas de puerta en puerta.

5. Tienes que ser extrovertido para ganar buen dinero en redes de mercadeo.

6. No tengo dinero para nada.

7. Mis amigos pensarán mal de mí si hago esto.

8. Los empleos son seguros, las redes de mercadeo no.

9. Mi empresa realmente aprecia y valora mi trabajo.

10. Las pirámides son ilegales.

11. El gobierno se hará cargo de mí cuando sea mayor.

¿Ves la imagen?

Todas estas creencias están deteniendo a tus prospectos, alejándolos de cobrar las libertades y el ingreso que las redes de mercadeo proveen. Cuando cambiamos estas creencias, los prospectos formarán una línea en nuestra puerta, pidiendo unirse a nuestra oportunidad.

Las creencias son más fáciles de cambiar de lo que crees. No creas que no puedes cambiar las creencias de las personas. Sí puedes. Por supuesto que no puedes cambiar las creencias de todas las personas todo el tiempo, y no puedes cambiar cada creencia que una persona tiene. Tu sólo necesitas cambiar unas pocas creencias de tu prospecto y puedes literalmente hacer una fortuna en redes de mercadeo.

Usando lenguaje gráfico
para cambiar creencias.

Los líderes leales son de cosecha propia, dentro de tu organización. Queremos tomar personas ordinarias y mostrarles las cosas paso a paso, palabra por palabra, qué decir y qué hacer.

Aquí hay un ejemplo para enseñar a líderes potenciales cómo conducir conversaciones interesantes y presentaciones. Si tu líder potencial sólo da los datos, las personas estarán pensando:

–Qué aburrido eres. No eres extravagante. No eres energético. ¿Te hicieron una operación de bypass en el carisma? Nunca te mueves ni un solo paso. ¿Estás congelado? ¿Has considerado movimientos o algún gesto con las manos?

Esta no es la conversación que queremos en la cabeza de las personas. ¿La solución?

**Relacionarnos con las personas con palabras gráficas
y pintorescas que puedan ver fácilmente
en sus propias vidas.**

Si tu líder potencial puede hacer que las personas y los prospectos sean capaces de ver **lo que él o ella ven...** bien, esa sería una comunicación genial.

¿Quieres un ejemplo?

La mayoría de los oradores dirían:

–Eres lo que comes. Una buena nutrición te hará sentir mejor.

Mientras esto es verdad, el público no internalizará esta afirmación. Las personas simplemente pensarán que esta información es buena, pero no cambiarán su pensamiento o sus vidas basados en esta tediosa información.

¿Cómo puede tu líder potencial presentar esta misma información?

En lugar de decir:

–Eres lo que comes. Una buena nutrición te hará sentir mejor.

¿Por qué no decir algo como esto?

***

¿Adivina de qué está hecho tu cuerpo? No está hecho del aire que respiras o de los amigos con los que te asocias. Está hecho de lo que comes.

Ahora, para algunos de ustedes, esto puede significar que tu cuerpo está hecho de soda y rosquillas. Tú sabes quién eres. Pero puede que estés escéptico, así que toma esta prueba.

Cómo te **sientes** depende de lo que comes. Lo puedo probar.

Si comes un filete grande de 900 gramos, ¿cómo te sientes unas horas después? Perezoso. Cansado. Con sueño.

Si comes seis rosquillas, ¿cómo te sientes 30 minutos después? Lleno de energía nerviosa. Y, ¿cómo te sientes una hora después? Perezoso. Cansado. Con sueño.

Si comes comida japonesa, ¿cómo te sientes una hora después? Hambriento.

Si tomas seis cervezas, ¿cómo te sientes una hora después? Perezoso. Cansado. Con sueño. Relajado.

Si tomas seis tazas de café, ¿cómo te sientes una hora después? Inquieto. Nervioso. Irritable.

Si comes media docena de chiles jalapeños, ¿cómo te sientes una hora después? Caliente. Sensación de ardor. Y, ¿cómo te sientes el día siguiente? Caliente otra vez mientras pasan por tu sistema.

Así que, como ves, cómo te **sientes** depende de lo que comes.

***

Ahora, la persona está convencida de que lo que come determinará cómo se siente.

No es sólo alguien dando un guión de ventas. La personas se relacionan con los ejemplos y ven la verdad en su vida. La diferencia es enorme. Los líderes deben de ser grandes comunicadores.

Ahora cuando la persona se siente y coma seis rosquillas, y las enjuague con seis cervezas, estará pensando en tu líder potencial y en lo que dijo.

Y eso es exactamente lo que quieres.

No podemos esperar que los distribuidores ordinarios mágicamente tengan habilidades de liderazgo cuando se afilian, así que depende de nosotros enseñarles exactamente qué decir.

Queremos enseñarles cómo usar "sound bites" y "palabras visuales" para hacer su mensaje ultra efectivo.

Para ilustrar esto, usemos una típica presentación de ventas sobre unirse a nuestra oportunidad. En lugar de decir:

–Aquí está tu oportunidad de construir un negocio y renunciar a tu empleo.

Podemos agregar algo de lenguaje gráfico para hacer el mensaje más memorable. Podemos decir:

***

–Si tu eres como la mayoría de nosotros, despertar con un reloj de alarma es pura tortura. Apuesto que todos quisiéramos vender nuestro despertador al vecino.

¿Por qué?

Por que el despertador significa que tenemos que dejar a nuestras familias y correr al trabajo, donde nuestro jefe vampiro mata-sueños nos va a succionar la vida. Y después tenemos que sortear el tráfico y regresar a casa, exhaustos.

Así que, ¿por qué no comenzar la cuenta regresiva para despedir a tu jefe y deshacerte de tu antigua vida ya? Nadie desea extender la sentencia del despertador.

***

¿Hay alguna diferencia en la segunda explicación? Por supuesto. Necesitamos señalar a nuestro líder potencial que el aprender la habilidad de comunicar nuestro mensaje es una habilidad importante de dominar.

Cómo ayudar a que los prospectos se relacionen con tu presentación.

¿Qué tal algunos consejos pequeños, manejables que puedes de inmediato poner en práctica en tu presentación? Como líderes, todos damos presentaciones, así que, hagamos que nuestras presentaciones cobren vida.

Aquí hay algunas de mis frases favoritas de presentación y segmentos que ponen a **pensar** a nuestros prospectos. (Y algunos para que los distribuidores piensen también.)

Recuerda que nuestros prospectos sólo recordarán un punto o dos sobre nuestra presentación, así que hagamos que nuestros puntos sobresalgan en sus mentes.

Preparando a los prospectos.

–Hay dos tipos de personas en el mundo. Aquellos que buscan razones de "por qué sí", y aquellos que buscan razones de "por que no."

Esto pone a los prospectos en una actitud de mente abierta. Ellos naturalmente buscan las razones de por qué esta oportunidad puede funcionar para ellos en lugar de buscar razones para no unirse.

Cuando uso esta frase para comenzar una presentación, noto que no necesito usar ninguna presión o técnica de cierre. Debido a que los prospectos tienen mente abierta, no es necesaria la manipulación para abrir sus mentes. Ellos pueden juzgar libremente por ellos mismos si esta oportunidad puede llenar sus necesidades o no.

No tengo tiempo.

–La mayoría de las personas pasa como tres horas por semana quejándose sobre sus trabajos y estúpidos jefes. Otra hora por semana se gastan en discutir las malas decisiones de los políticos. Y luego está el tiempo que se pierde discutiendo con la familia.

La mayoría de los prospectos sonríe y se da cuenta que pueden usar unos cuantos minutos de este tiempo no productivo para construir un negocio de redes de mercadeo. No pido a los prospectos renunciar a este tiempo de plática con sus amigos. Yo simplemente les pido **cambiar** el tema de su plática por unos pocos minutos.

Todos tenemos 24 horas en un día. Lo que cuenta es cómo elegimos usar esas 24 horas. No le puedo dar más tiempo a los prospectos, pero puedo darles una opción de lo que pueden hacer con algo de su tiempo.

¿Voy a fracasar?

–Digamos que tienes un niño de un año de edad que está aprendiendo a caminar. Después de que el niño cae, tu dices: 'Está bien. Es todo. No lo vuelvas a intentar de nuevo.'

No dirías eso, ¿no es así? Por supuesto que no. Tu le darías ánimos al niño para que continúe fallando hasta que el niño aprenda a caminar. La recompensa de caminar vale los fracasos.

Los prospectos y nuevos distribuidores están preocupados de que puedan fracasar en nuestro negocio. Esto los previene de unirse o incluso intentar nuestro negocio. Me gusta aliviar sus temores al dejarles saber que pueden fracasar varias veces y aún así ser exitosos.

No puedo patrocinar a nadie.

–Si hubiese un premio en efectivo de $50,000 por patrocinar seis personas en una semana, podrías hacerlo. Encontrarías, con el tiempo, que seis distribuidores de primer nivel son mucho más valiosos que $50,000 en efectivo. Cuando finalmente te des cuenta de eso y lo creas, no tendrás problema al patrocinar.

Necesito ganar dinero de inmediato.

–Imagina que estás en un período de entrenamiento de seis meses para aprender nuestro negocio. ¿Dónde te encuentras después de seis meses en la universidad? Aún sigues pagando dinero por las clases. Después de seis meses en nuestro negocio, de hecho, puedes estar ganando dinero en lugar de gastar en más clases por otros tres años y medio más.

Asegúrate de que tienes esto claro. Estás ofreciendo **enseñar** cómo hacer el negocio en seis meses. No estás garantizando que estarán ganando grandes cheques en seis meses. Aún tienen que trabajar su negocio.

¿Qué tal si renuncia mi buen distribuidor?

–Puedes fracasar 19 de cada 20 veces cuando desarrollas a un líder. Tu sólo necesitas un buen líder para retornar tus esfuerzos con grandes cheques de bonificaciones. Esto es mucho más fácil que el mercado de valores, donde tienes que acertar casi el 50% del tiempo.

Es algo bueno que no seamos banqueros. Si un banquero comete un par de errores (malos prestamos), ¡se queda sin trabajo!

Haciendo que tus prospectos consideren otras posibilidades en sus vidas.

–¿Estás casado con tu empleo o tienes una mente abierta?

Esta simple pregunta casi siempre funciona la mayoría de los prospectos siente que tiene una mente abierta y accede a escuchar una alternativa a su trabajo, un nuevo punto de vista sobre la salud, cambiar de servicios, etc.

Quiero hacerlo de tiempo completo de inmediato.

–Nada mágico sucede cuando renuncias a tu trabajo – excepto que tu ingreso desaparece.

--Art Spikol

Me encanta esta frase. Cuando los nuevos distribuidores renuncian a sus trabajos, pierden a su mercado caliente. Muchas de sus ventas iniciales y distribuidores vendrán de los contactos de su trabajo de tiempo completo.

Y se pone peor. Ahora que está en casa durante el día, el nuevo distribuidor encuentra que no puede patrocinar a nadie debido a que todos los prospectos están en el trabajo. Ya que no hay mucho que hacer, ¿por qué no mirar televisión un rato? ¡Aaaaaa!

Ya soy exitoso.

–Muchas personas exitosas financieramente desearían que sus amigos poco exitosos pudiesen acompañarlos en varios cruceros, vacaciones y días feriados. Pero sus amigos no pueden. Tienen que trabajar en su empleo.

Desafortunadamente, muchas personas exitosas financieramente tienen habilidades especiales o conocimiento que los hizo exitosos. Sus amigos no pueden duplicar sus habilidades o conocimiento. Sin embargo, te gustaría involucrarte en redes de mercadeo debido a que es algo en lo que tus amigos podrían participar exitosamente. Ahora les puedes dar la oportunidad de que ellos lo puedan lograr también.

Y, ¿no sería divertido tener a todos tus amigos contigo en tus próximas vacaciones?

¿Cansado de que tus distribuidores te culpen por su falta de éxito?

¿Quieres que tus distribuidores tomen responsabilidad personal por su éxito?

Simplemente desliza esto en tu presentación mientras tus distribuidores negativos escuchan:

–Si sales ahí y te conviertes en un gran éxito en este negocio, no será gracias a mí, será gracias a ti.

Si sales ahí y fracasas en este negocio, no será gracias a mí, será gracias a ti.

¡Sólo estás a un prospecto de distancia de una carrera de $1,000,000!

A veces nos desanimamos. Es naturaleza humana.

Pero también tenemos la **habilidad** de animarnos a nosotros mismos. Aquí hay una manera de crear un panorama positivo cuando nos sentimos desanimados.

Sólo imagina que continúas promoviendo y hablando acerca de tu negocio de redes de mercadeo. En algún punto, vas a cruzar caminos con un prospecto que está buscando una oportunidad de cambiar su vida – y tú eres la respuesta.

Quizá no conozcas a este prospecto ahora. Quizá sea un encuentro fortuito en algún momento en el futuro. No importa cómo conozcas a este prospecto. Sólo importa que sigas entusiasmado sobre tu negocio de redes de mercadeo y eso causará una impresión sobre tu prospecto.

¿Qué puede significar financieramente un buen prospecto para ti?

Ese buen prospecto puede significar un millón de dólares en cuestión de algunos años. Y ese es un buen incentivo para ser persistente en tu negocio.

Hay muchos líderes en redes de mercadeo hoy que disfrutan ingresos poderosos debido a un solo buen prospecto.

¿Por qué no unírseles?

Todo lo que tienes que hacer es permanecer en el juego. No renuncies. Y continúa promoviendo tu negocio de redes de mercadeo.

Frases rápidas.

"Lo mejor que podemos hacer por los pobres es no ser uno de ellos."

"¿Cuántos de nosotros quieren que nuestros hijos tengan padres ricos?"

"El éxito no consiste en trabajar en la empresa de alguien más."

Cambia cómo tus distribuidores piensan acerca de los problemas.

"Tengo un problema. La compañía no es competitiva. Nuestros precios son muy altos. Soy una víctima profesional."

¿Suena familiar?

Frecuentemente recibo llamas de distribuidores que quieren que sus programas de redes de mercadeo sean perfectos, con personal perfecto, con empleados perfectos en la oficina central, con los precios más bajos, sin competencia, sin mala publicidad, sin... bien, tienes la idea. Ellos no pueden manejar problemas.

Ya que ni tú ni yo podemos solucionar todos sus problemas (y eso no sería vida, si es que lo intentamos), debemos mostrar a nuestros distribuidores cómo transformar problemas en ventajas.

¿Cómo haces esto? Aquí hay dos casos de estudio genéricos de cómo un poco de liderazgo y pensamiento creativo pueden cambiar cómo tus distribuidores ven los problemas.

Caso de estudio #1: ¡Cortes de cabello a $5!

Una peluquería ofrecía cortes de cabello en $5. Su publicidad estaba por todas partes. La peluquería competidora estaba perdiendo negocio ante el precio tan bajo.

Para convertir esta desventaja en su ventaja, la peluquería más costosa colocó este mensaje en su publicidad:

¡Arreglamos cortes de cabello de $5!

Ya que la mayoría de las personas compran por calidad, conveniencia, practicidad, etc., la peluquería de mayor precio reclamó mucho del negocio y prosperó.

Caso de estudio #2: Tragones de gasolina a la venta.

Cuando la primera crisis petrolera golpeó a los Estados Unidos en los 70s, las ventas de automóviles grandes, tragones de gasolina se detuvieron. Todos querían comprar autos miniatura importados de bajo consumo de gasolina.

Los prospectos no querían incluso acercarse a las agencias que vendían esos grandes autos tragones de gasolina. Esto es lo que hizo un concesionario para cambiar la actitud de los prospectos y su criterio de compras.

Frente a su concesionario colocó un auto miniatura importado que había sido compactado en un feo accidente automovilístico. Era impactante. Los prospectos vieron el daño que sufrió el pequeño auto e instantáneamente pensaron en lo que le pudo suceder a los pasajeros.

Ahora su criterio de compras rápidamente cambió de ahorrar gasolina a **seguridad**.

¿Necesitas algunos otros ejemplos?

Mal café sabor a lodo.

Mientras viajaba a través de un aeropuerto Canadiense, vi este anuncio afuera de una cafetería:

"No hay café fuerte. Sólo hombres débiles."

Esta cafetería probablemente tenía algunas quejas sobre su fuerte café. Así que en lugar de ver las quejas como algo negativo, la cafetería convirtió las quejas en un "reto de ventas."

La mayoría de los hombres ahora dirían:

—Yo sólo puedo beber el lodo que tiene esta cafetería por café.

No creo que muchos hombres regresaran a la cafetería a decir:

—Ooooooohhh. Este café es muy fuerte para mí. ¿Tienen algo más suave, como té caliente con leche?

La cafetería ahora convirtió su fuerte café en una atracción para hombres. Un hombre no podría pasar frente a la cafetería y decir:

—Oh, eso se ve muy fuerte para mí.

Pandillas en la esquina de la calle.

Una ciudad tenía el problema de las pandillas congregándose en una cierta esquina de la ciudad. Así es, incluso este problema fue atendido con sólo un poco de imaginación.

¿La solución de la ciudad?

Comenzaron a tocar música clásica en el área. Para las pandillas, eso fue demasiado doloroso de escuchar. La esquina volvió a ser segura de nuevo.

¿Tienes la idea?

Cada problema de mercadeo puede ser mejorado al usar algo de pensamiento creativo. No podemos resolver cada problema, pero ciertamente podemos hacer los problemas menos severos.

Ahora, veamos algunos ejemplos para nuestro negocio.

Imagina que tu ciudad acaba de conseguir el contrato para una gran planta de automóviles. Letreros por todas partes que dicen:

"¡Estamos contratando! ¡Empleos con buen sueldo!"

Tus distribuidores se quejan: –Nadie quiere venir a las juntas de oportunidad. Nadie quiere comenzar un negocio de tiempo parcial. Todos quieren conseguir uno de esos nuevos trabajos con buen sueldo en la planta de automóviles.

Como líder, tu puedes recomendar publicidad que compita y diga:

"¿Afortunado de no conseguir ese empleo automotriz que hubiese absorbido el resto de tu vida? Ten una carrera con nosotros. ¡Fines de semana potenciales de 5 días!"

Habrá abundantes prospectos quienes no querrán vender cinco días de cada semana a una planta de automóviles.

O...

Digamos que tu producto de vitaminas cuesta lo doble que el de la competencia. Podrías decir esto:

–Podrías conseguir un producto más débil por cerca de la mitad del precio, pero, no quieres estar sano a medias, ¿o sí?

O si el sabor de tu bebida saludable es malo, podrías decir:

–Cuando pruebes nuestra bebida, sabrás que es saludable y es buena para ti. No tendrás el gusto de azúcar ni saborizantes de relleno que otros usan para diluir y debilitar sus bebidas.

O si tu crema humectante para la piel es lo doble de costosa que la de tu competencia, podrías decir:

–Puedes tener piel ordinaria que eventualmente se arruga y luce vieja, o puedes usar el mejor humectante que hay para mantener tu piel joven y saludable.

O si tu costo de inicio es $500 y tu competencia sólo cobra $50, podrías decir:

–Como puedes ver, este en un negocio en serio que te puede apoyar a ganar un ingreso en serio. No es un truco de $50 que te dejará sintiéndote estafado.

Usa las estrategias anteriores.

Así que dale un vistazo a los problemas de tu negocio ahora. ¿Hay algo negativo que has tratado de ocultar de tus distribuidores? ¿Hay alguna objeción que mantiene a los prospectos de tus distribuidores de unirse a tu negocio?

Si tienes puntos negativos o problemas, no te preocupes. Puedes convertirlos en grandes puntos de ventas con un poco de imaginación.

Como líder, la próxima vez que tu distribuidor llame con un problema, toma un tiempo para educarlo acerca de esta técnica, o pasarás una vida entera intentando solucionar problemas ilimitados. Eso no sería divertido.

Sí… pero…

¿Qué tal si hay prensa negativa sobre mi problema? ¿No dificultaría eso el hablar con prospectos?

Bien, vamos a convertir esa prensa negativa en ventas positivas y momentum.

Los distribuidores amateur odian las malas noticias. Se esconden bajo un puente, cambian su número telefónico, cambian de apellidos. No es precisamente la fórmula para incrementar las ventas, ¿no es así?

Posiblemente has tenido algunas malas noticias en tu negocio. Si odias las malas noticias, sigue leyendo. Quizá cambies de opinión.

¿Has escuchado el viejo dicho de los políticos sobre la prensa? Dice algo así: "No me importa lo que digan sobre mí, mientras escriban mi nombre correctamente."

En otras palabras, cualquier publicidad (dentro de lo razonable) es buena para sus campañas.

Estamos en mercadeo directo. Punto. Y en mercadeo directo debemos de tener exposición, publicidad, contactos. No podemos dejar que nuestra oportunidad o producto sea un secreto.

Si los prospectos no nos conocen, nunca escuchan de nosotros, no pueden localizarnos... bien, tienes la idea. Estamos muertos. Nuestra competencia obtiene la exposición y las ventas, y nos volvemos como el reparador de máquinas de escribir... muy, muy, muy solitarios.

¿Te suena esto familiar? Quizá lo hayas escuchado en otras palabras, como cuando nuestros distribuidores dicen: –No tengo a nadie con quien hablar.

¿Alguna vez has escuchado eso? Eso significa que su mercadeo directo apesta. Son un secreto. Son solitarios. Son un fracaso. Están por renunciar pronto... y más vale que comiences a hacer algo al respecto.

Está bien, está bien. Necesitamos algo de exposición allá afuera para conseguir más afiliaciones y actividades de comercialización. Dejemos que las malas noticias nos ayuden. ¿Cómo? Convirtiendo malas noticias en una oportunidad de ventas y afiliación. Esto es lo que hacen los profesionales de mercadeo. ¿Por qué nosotros no?

Usemos algunos ejemplos.

Ejemplo #1.

El Ministerio de Justicia dice: –¡La "Compañía Maravilla" es una pirámide ilegal!

Es el encabezado del diario local.

¡Auch!

Pero ahora estás en el mapa. La gente sabe de ti. Traer el nombre de la "Compañía Maravilla" a la conversación garantiza que las personas escucharán. Sí, ¡ahora somos celebridades!

¿Qué podemos hacer con nuestra popularidad recién descubierta? ¿Qué tal algo de ventas?

Imagina que estás de pie al lado de la cafetera con algunos compañeros de trabajo. Uno de tus compañeros dice: –¿Leyeron el diario esta mañana? El gobierno dice que la Compañía Maravilla es una estafa piramidal que sacrifica sapos y unicornios en juntas de oportunidad secretas a media noche. Se cree su presidente alienígena de dos cabezas es responsable por la Segunda Guerra Mundial, por el fracaso del '69 de los Cachorros de Chicago, y los precios a la alza de los cigarrillos.

Todos asienten.

Entonces tú dices: –Sí, yo también leí eso. Yo soy uno de sus mejores distribuidores. Pero anoche me perdí nuestros sacrificios de aniversario en el cementerio. Me quedé viendo Los Simpsons.

¡Wow! ¡Ahora tenemos su atención! (¿Y no es "atención" el primer paso en el proceso de ventas?) Luego continúa diciendo:

–Sólo bromeo. Tú sabes que no se puede creer todo lo que el gobierno nos dice. Ellos quieren que creamos que el Departamento de Hacienda quiere ayudarnos, que aumentar sus salarios y los impuestos al mismo tiempo es pura coincidencia, y que insertar un chip de computadora en nuestras cabezas es sólo para asegurarse de que no nos perdamos de regreso a casa por la noche.

Todos sonríen. Ellos saben que tienes razón. Saben que el diario regularmente reporta avistamientos de Elvis. Ellos saben que no puedes confiar en el gobierno. Estás construyendo confianza y afinidad. Y continúas:

–Yo pienso que el gobierno y algunos grupos de presión están molestos por que vendemos el Fabuloso Analgésico de Artritis por sólo $25. Eso significa que muchos doctores, farmacéuticas, compañías químicas y políticos no están recibiendo sus tajadas y sobornos. Es decir, cuando el público se entere que no tienen que pagar grandes sumas por consultas en el médico ni medicinas ni inyecciones caras, alguien en el gobierno estará con la cara roja de vergüenza. Mi vecina gasta $25 al mes en su Fabuloso Analgésico de Artritis y ahora juega tenis. Apuesto que ella estaba riendo cuando vio el diario de esta mañana. (Parece que tenemos oportunidad de deslizar algunos datos y beneficios.)

Un compañero responde: –Sí, es una gran conspiración allá arriba en la política. Siempre están tratando de exprimirnos. Oye, ¿tendrás una botella extra para mi suegra? Siempre se está quejando de esto y aquello.

Hmmmm. ¿Qué pensamos ahora sobre el diario de esta mañana? ¿Eran malas noticias… o una oportunidad para las ventas?

Las malas noticias nos dieron una oportunidad de hablar sobre nuestro producto sin llegar con un prospecto en frío y decir: −¿Qué tal? Parece que estás cojeando, amigo. Prueba mi Fabuloso Analgésico de Artritis por 30 días. Cuesta $25 la botella.

¿Qué hay de malo con llegar con prospectos en frío? Bueno, ellos no nos conocen, no confían en nosotros y no saben nada sobre nuestra compañía o producto. Casi todo hay de malo. En mercadeo directo, no queremos hacer llamadas en frío para ventas o ser vendedores ambulantes. Es por eso que le damos la bienvenida a las noticias sobre nuestra compañía y nuestros productos y oportunidad. Incluso si son malas noticias.

Ejemplo #2.

La estación local de TV anuncia que el polvo de zanahoria es ahora una peligrosa droga restringida y las personas que hacen dietas deberán de regresar sus botellas de polvo de zanahoria para su reembolso.

Se está haciendo fácil, ¿no es así? Este es simple.

Mientras estás de pie en la tienda de rosquillas, tus amigos dicen: −¿No vendes polvo de zanahoria? ¿Acaso en la noticias dijeron algo anoche sobre una retirada del producto?− La conversación que estabas esperando escuchar. Tú respondes:

–Sip. Están retirando el polvo de zanahoria de los estantes. Parece que, aún que varios miles de personas perdieron mucho peso, un par de personas tenían estómagos delicados. Qué mal. A propósito, ¿conoces a alguien que actualmente esté tomando polvo de zanahoria o algún otro producto de dieta?

Un amigo contesta: –Seguro que sí. Todos mis hermanos están tomando polvo de zanahoria. Y vaya que lo necesitan. ¡Los tipos están gordos! La compañía de vegetales incluso ofreció construir una cadena de almacenes cerca de su casa.

Ahora, has localizado algunos prospectos en cuestión de una referencia. Tú dices:

–Genial. ¿Sabías que pueden regresar su polvo de zanahorias por un reembolso del 100% y conseguir las nuevas "Hierbas Dietéticas de Músculos Marcados" a mitad de precio durante los próximos siete días?

Tu amigo responde: –¿De verdad? ¿Dónde pueden conseguir su reembolso? ¿Cómo funciona?– (¿Necesito seguir desde aquí? ¿Tienes la idea?)

Tú respondes: –Sólo dame sus números telefónicos. Yo les llamo para darles todos los detalles. De hecho, yo puedo hacerme cargo de todo el proceso por ellos.

Lo que estamos experimentando es:

1. Malas noticias = publicidad.

2. Publicidad = prospectos.

3. Prospectos + conocimiento = una oportunidad para vender más producto.

Ejemplo #3.

El experto en mercadeo directo, Mike Enlow, escribió un semanario y usó el Internet extensivamente para mercadeo. Su sitio web publicita sus productos, provee a los visitantes con información, etc.

Ahora, una manera en la que Mike le hace saber a las personas sobre su sitio es colocar mensajes en diferentes grupos de noticias y foros. **Desafortunadamente**, muchos sitios de Internet odian la publicidad y los comunicados de prensa. Los mensajes publicados de Mike para publicitar su sitio serían un serio error de relaciones públicas.

Sin modo de conseguir publicidad para anunciar tus servicios, ¿qué haces?

Esperas algunas malas noticias.

Esto es lo que le sucedió a Mike Enlow. Un hacker de computación destrozó su sitio Web saturándolo con basura. Esto efectivamente puso a su sitio fuera de servicio ese día. ¿Malas noticias? Seguro. Pero mira lo que Mike hizo con las malas noticias.

Mike sabía que la mayoría de los sitios de Internet odian la publicidad, pero siempre reciben noticias, solicitudes de apoyo, discusiones, etc. Publicó un mensaje en estos sitios de Internet que decía:

–Mi nombre es Mike Enlow. Mi sitio de Internet fue destrozado por hackers. Me tomó un día entero reconstruirlo. Toda la buena información gratuita que ofrecía en él, quedó fuera del alcance al público debido a un hacker desconocido. Estoy ofreciendo una recompensa de $10,000 por la identidad de este hacker.

De hecho el mensaje era más largo, pero entiendes la idea general.

¿Qué sucedió? La personas que leyeron esto en Internet se apresuraron al sitio de Mike Enlow para ver de qué se trataba. Montones de actividad y usuarios nuevos. Y nadie reclamó la recompensa de $10,000. sin embargo este anuncio pudo haber sido más potente que cualquier mensaje de publicidad.

¿Malas noticias? O, ¿fueron buenas noticias? Júzgalo por ti mismo.

Ejemplo #4.

Envías por correo un informe mensual a tu organización. Se llama *Bitácora de Éxito Universal de Smith*. Tu apellido es Smith y quieres pensar positiva, así que piensas que *Bitácora de Éxito Universal de Smith* es un buen nombre.

Ahora imagina que hay una gran publicación comercial llamada *Bitácora de Éxito*. Los abogados de *Bitácora de Éxito*, que ganan muy bien, dicen: –Hey, esta *Bitácora de Éxito Universal de Smith* suena un poco demasiado similar a nuestro título registrado de *Bitácora de Éxito*. Demandemos a esta Sra. Smith.

Malas noticias. Una batalla real de David y Goliat comienza. La mega enorme y exitosa *Bitácora de Éxito* demanda a la Sra. Smith para que cambie el nombre de su informe mensual de circulación para 100 personas.

O, ¿serán buenas noticias?

El diario local escribe una historia sobre cómo la Sra. Smith con su informe mensual daba amigables recetas de comidas bajas en grasa y le hablaba a sus lectores acerca de la suplementación en los alimentos y consejos de pérdida de peso. Más de 40,000 lectores ven esta historia.

La estación de radio entrevista a la Sra. Smith. Ella cuidadosamente explica a los radioescuchas: –Mi informe mensual sólo es para ayudar a que las personas se sientan mejor, vivan un poco más, y pierdan hasta 7kg de fea grasa por mes. Ciertamente nunca sentí que estuviese infringiendo la marca de *Bitácora de Éxito*. Así que, deseo tomar esta oportunidad para dejarlo perfectamente claro, yo no soy la *Bitácora de Éxito*. Yo escribo el informe mensual que ayuda a la gente a perder peso. No el ejemplar de papel de *Bitácora de Éxito*. Yo soy quien regala certificados de $10 de Súper-Adelgaza.

Las malas noticias están comenzando a verse muy bien ahora, ¿no es así? Incluso si la Sra. Smith cambia el nombre de su informe, ella todavía gana miles de dólares en publicidad gratuita.

Así que esa es la técnica.

Las malas noticias no son tan malas después de todo. ¿Qué deben de hacer los profesionales en mercadeo cuando llegan las malas noticias?

Deben usar la publicidad como una excusa para contactar a clientes actuales y nuevos prospectos. Quizá debas salir y crear un poco de malas noticias hoy.

El único queso gratis está en la ratonera.

¿Qué saben los líderes de redes de mercadeo que los distribuidores que batallan sin éxito no saben?

¿Cuál es el secreto interno que los líderes usan para hacerse exitosos?

¿Por qué algunos distribuidores se afilian a compañía tras compañía y nunca tienen éxito en ninguna compañía?

La respuesta es…

Los líderes de redes de mercadeo saben que depende de ellos que las cosas sucedan.

No pueden depender de su patrocinador, del patrocinador de su patrocinador, o de su compañía de redes de mercadeo para construir su negocio por ellos. Si los líderes van a tener un negocio redituable, lo deben de construir ellos.

* Los líderes de redes de mercadeo saben que siempre es muy pronto para renunciar.

* Los líderes de redes de mercadeo saben que se lidera con ejemplo personal.

* Los líderes de redes de mercadeo saben que las personas exitosas desarrollan las actividades que las personas no exitosas evitan.

* Los líderes de redes de mercadeo saben que nadie va a construir un negocio por ellos.

* Los líderes de redes de mercadeo saben que primero debes de excavar para los cimientos antes de construir tu castillo.

¿Y qué hay de esos distribuidores no exitosos que van de compañía en compañía, nueva organización a nueva organización, siempre buscando por el éxito?

Están buscando por el éxito en el **lugar equivocado**.

El éxito viene del esfuerzo **personal**, no de dádivas de desconocidos.

¿Qué hacen los distribuidores no exitosos?

* Se quejan de que los productos son muy caros.

* Se quejan por que la literatura y las etiquetas de los productos están todas en el color equivocado.

* Se quejan de que su línea de patrocinio no ha hecho nada por ellos – aún que no han hecho nada ellos mismos.

* Se quejan por que no reciben apoyo de la línea de patrocinio – ¡¡¡y buscan constantemente un patrocinador que haga todo el trabajo por ellos!!!

Hmmm, quizá es por eso que saltan de compañía en compañía.

Ellos siempre están en búsqueda de un nuevo patrocinador que haga su trabajo por ellos.

¿Te suena familiar esta llamada típica?

Distribuidor: –¿Hola? Qué bueno que contestas. Necesito algo de ayuda.

Patrocinador: –Dime, ¿qué puedo hacer?

Distribuidor: –Este negocio no está creciendo tan rápido. Hay algo malo con la compañía. No estoy ganando nada de dinero.

Patrocinador: –Cualquier negocio que valga tener va a tomar tiempo y esfuerzo. ¿Por qué no trabajar conmigo? Trabajaremos más duro, veremos qué sucede.

Distribuidor: –No, voy a tener que renunciar e ir a una compañía donde pueda ganar dinero de verdad. He trabajado duro en este negocio por 60 días, ¡y aún no he ganado un cheque de más de $50! ¿Le llamas a esto una oportunidad financiera? ¡HA!

Patrocinador: –¿Has afiliado a alguien esta semana?

Distribuidor: –No. No estoy ganando suficiente dinero.

Patrocinador: –¿Has hecho alguna cita esta semana?

Distribuidor: –No. Este negocio no está dando resultados. No estoy teniendo ningún crecimiento en mi organización.

Patrocinador: –¿Has hecho algo de prospección durante las últimas cuatro semanas?

Distribuidor: –No. Por supuesto que no. Este negocio simplemente no está creciendo como debería. Además, acabo de escuchar sobre una nueva compañía donde la gente está ganando dinero a lo grande. Y el tipo que me va a afiliar está ganando muy bien.

Patrocinador: ¿Y esta persona que está ganando muy bien va a prospectar, afiliar nuevos distribuidores, ponerlos en tu grupo, hacer ventas, y hacer todo el trabajo por ti y… dejar que te quedes con todo el dinero, ¿correcto?

Distribuidor: –Um, sí, eso creo. Oye me tengo que ir. Te marco en otro momento. Adiós.

Págame más de lo que valgo.

O, ¿has tenido un distribuidor que sabotea sus esfuerzos y piensa así?

Este distribuidor quiere convertirse en líder y hacer por lo menos $10,000 al mes.

E insiste que ya debería estar ganando $10,000 después de sólo seis meses con tu compañía. Después de todo, la compañía no puede ser buena si no se puede ganar por lo menos $10,000 al mes después de seis meses de trabajo de medio tiempo.

Tu preguntas a tu distribuidor: –¿Cuánto ganas en tu empleo actual donde has estado trabajando por los últimos 12 años?

Él responde: –Como $3,000 al mes.

¿Entiende la pista? No.

Entonces preguntas a tu distribuidor cuánto volumen de ventas movió en su organización el último mes.

Él responde: –¡Mi grupo mueve $5,000 de producto cada mes!

Raro. Tu distribuidor aún piensa que debería de ganar $10,000 al mes, incluso cuando provee mucho menos de $10,000 de valor hacia tu compañía.

Puedes predecir el futuro de tu distribuidor. Él insiste en que es culpa de la compañía y que tendrá que buscar otra oportunidad que le pague $10,000 al mes después de seis meses de trabajo. No importa si él provee muy poco valor y servicio, él se merece $10,000 al mes.

Una historia para recordar.

Conocí esta historia de falta de liderazgo gracias a Ben Woodward en Inglaterra.

Un hombre de 38 años estaba en casa de sus padres para la cena del domingo. Lastimosamente giró la conversación hacia sus múltiples problemas. Se quejó con sus padres.

–Acabo de separarme de mi tercer matrimonio fallido, no puedo mantener un empleo decente, tengo deudas hasta las orejas y voy a tener que declararme en bancarrota. ¿Dónde se equivocaron **ustedes**?

Cómo retar a tus distribuidores para tomar responsabilidad personal y pensar como líderes.

Me encanta la siguiente historia:

El presidente de una compañía de redes de mercadeo acababa de crear el "Producto Milagro". Este producto curaba casi cualquier problema de salud imaginable.

En la convención de la compañía, el presidente pidió a algunos voluntarios que vinieran al escenario.

Con el primer distribuidor voluntario, el presidente preguntó: –¿Qué problema de salud tienes?

El distribuidor contestó: –Mi vista. Cada año necesito graduaciones más grandes en mis anteojos. Estoy ciego de un ojo y casi no veo con el otro.

El presidente le dio un sorbo del "Producto Milagro" al distribuidor. Instantáneamente, el distribuidor arrojó sus anteojos y exclamó: –¡Puedo ver! ¡Puedo ver! ¡Mi vista está perfecta!

El presidente miró al segundo distribuidor voluntario y preguntó: –¿Qué problema de salud tienes?

El segundo distribuidor dijo: –Mi artritis. Apenas puedo doblar una rodilla y tengo que arrastrar mi otra pierna detrás de mí.

El presidente le dio un sorbo del "Producto Milagro" al segundo distribuidor. Instantáneamente, el distribuidor arrojó lejos sus muletas, saltó por los aires, y salió del escenario haciendo "ruedas de carro" mientras gritaba: –¡Estoy curado! ¡Estoy curado!

El tercer voluntario en el escenario era un mal patrocinador. Al ver las curas milagrosas, el mal patrocinador comenzó a correr lejos, gritando: ¡No te acerques! ¡No me toques! ¡¡Quiero seguir cobrando mi discapacidad!!

¡Hey! ¡Mira para acá! No hay multitudes en la cima.

El éxito en redes de mercadeo viene del esfuerzo personal. Eso está muy mal para los que buscan "queso gratis". Sin embargo, esto hace placentera y sin multitudes la vida en la cima.

O, como Dolly Parton dijo:

−A como yo lo veo, si quieres un arco-iris, debes de soportar la lluvia.

El queso gratis es tentador.

Los espectadores de televisión profesionales quieren queso gratis. Las babosas de sillón quieren queso gratis. Y sí, los distribuidores perezosos quieren queso gratis.

Pero si la repartición de caridad fuese verdad, ¿no crees que los líderes dedicados que trabajan fuertemente en su negocio, conseguirían el queso gratis antes que los gorrones?

Los eventos son neutrales.

"No importa lo que suceda. Es cómo reaccionas a lo que sucede, lo que determina tu éxito."

¿Tus distribuidores se desaniman cada vez que tu compañía de redes de mercadeo cambia de políticas, incrementa los costos de envío, o ajusta el plan de compensación? ¿Qué deberías de hacer?

¿Reemplazar tu grupo de mentalidad negativa? ¿Re-estructurar el corporativo? ¿Conseguir un trabajo fijo en el gobierno?

No hagas nada impulsivo todavía. Primero echemos un vistazo a la causa, no a los síntomas.

La mayoría de las cosas que suceden se llaman **eventos**. Los **eventos** por su propia naturaleza, son **neutrales**. Eso es, el evento no es bueno ni malo.

**Es nuestra reacción al evento lo que puede
ser bueno o malo.**

Tus nuevos distribuidores no han alcanzado el nivel de madurez en sus carreras donde se dan cuenta que están en control de sus reacciones – las mismas reacciones que pueden hacer bueno o malo a un evento.

Bastante con la filosofía.

Usemos algunos cuantos ejemplos para mostrar cómo los eventos son neutrales y nuestras reacciones **determinan** si nos sentimos bien o mal acerca del evento.

Imagina que el equipo de tu ciudad está por jugar la Serie Mundial. Último partido. Última entrada. Tu jugador favorito anota un home-run y tu equipo gana. ¡Eso es un evento!

Ahora te pregunto, ¿el evento fue bueno, malo, o neutral?

Como un seguidor leal del equipo de tu ciudad, reaccionaste ante el evento con un sentimiento positivo, de felicidad y entusiasta.

Posiblemente abrazaste a tu esposa, llamaste a tu corredor de apuestas para cobrar tus ganancias, y diste una generosa cooperación a la caridad – o algo así.

Si fueses seguidor del equipo perdedor, puedes haber reaccionado al evento con pasión infantil, violenta y negativamente. Pudiste haber golpeado tu puño contra la mesa, arrojado la envoltura de tu botana al piso, o incluso vociferar palabras que no podemos escribir aquí.

Sí, tu reacción al evento (el home-run ganador) fue negativa.

Ahora, tenemos dos reacciones opuestas al evento. Una es positiva, la otra negativa. Así que, ahora, ¿cuál es tu respuesta?

El evento en sí fue neutral.

Las reacciones positivas y negativas fueron todas causadas por interpretaciones individuales. Y eso es algo que, como adultos responsables, podemos manejar.

Usemos otro ejemplo. Imagina que tu compañía aumenta los precios de tu producto más popular. ¿Ese **evento** es positivo, negativo o neutral?

Es neutral. Podemos elegir personalmente tomar una posición positiva o negativa. Esa es nuestra elección, pero el evento permanece neutral.

Puedes decir:

—¡Oh mi cielo! ¡Esto es terrible! Nuestro Producto Maravilla ahora cuesta $2,50 más al consumidor final. Nadie puede costearlo. La compañía es demasiado codiciosa. La vida no es justa. El mundo está tratando de sabotear mi negocio, etc., etc., etc.

Estoy seguro que puedes completar varias frases más aquí, pero veamos otra reacción diferente. También podrías reaccionar al **evento** diciendo:

—¡Wow! ¡Eso es genial! Se ve que la compañía se mantiene al día con la inflación y los costos a la alza. Muy buenos gerentes financieros tenemos. Parece que estaremos en el negocio por largo rato con este tipo de liderazgo. Además, deben de haber mejorado la calidad o incorporado ingredientes. Hey, con el incremento de precio, estaré ganando más comisiones y bonos en cada venta. ¡Este incremento de precio es genial!

De nuevo, el **evento** (el aumento de precio) es neutral. Es cómo eliges reaccionar ante el **evento** lo que hace la diferencia.

Para nuestro último **evento** de ejemplo, imaginemos que el teléfono de tu patrocinador está fuera de servicio. ¿Eso es un **evento**? Seguro. ¿Es un **evento** neutral? Veamos.

Podrías decir:

–¡Ese idiota! Mi patrocinador no puede ni manejar bien sus finanzas como para pagar su propia factura telefónica. ¿Cómo se supone que haga llamadas de tres vías con mi patrocinador? ¿Qué espera que yo haga? ¿Quedarme en casa y esperar sus llamadas desde un teléfono público para darme información de la empresa? ¡Pero que desastre!

O, podrías reaccionar al evento diciendo:

–¡Genial! Ahora puedo hacer algo de trabajo real. No estaré atado al teléfono con ese idiota. Ahora puedo dar mis propias juntas de oportunidad. Y, ahora que mi patrocinador está escondido, puedo salir y patrocinar personas geniales sin su competencia. ¡Sí! ¡Que su teléfono siga fuera de servicio!

¿Y qué hay de los miembros de tu organización que deciden tener una reacción negativa a cada evento?

¿Por qué no tomar el tiempo y educar a tu organización y mostrarles que pueden decidir? Pueden reaccionar positivamente o negativamente al **evento** – la decisión estrictamente depende de ellos.

Una vez que tus nuevos distribuidores se dan cuenta que pueden controlar sus reacciones ante los **eventos**, tus preocupaciones terminaron. Ellos **ya no** pueden decir:

–Oh, este **evento** es malo, así que voy a renunciar, unirme a otra oportunidad o trabajar para el servicio postal. Estas otras oportunidades tienen mejores **eventos**.

Ellos no pueden decir eso debido a que sabrán que los **eventos** están por todas partes, están ocurriendo todo el tiempo y los **eventos** van a suceder no importa a dónde vayan en la vida.

No te haces exitoso debido a **eventos neutrales**. Te haces exitoso debido a tu **reacción** a estos **eventos neutrales**.

Enseñando "pensamiento de actividad" a los distribuidores.

Si no estás felíz con tu cheque de bonificaciones...

Toma **acción**... y luego viene el resultado.

Cada acción o actividad producirá un resultado. Si no te gusta el resultado, simplemente cambia la acción.

Por ejemplo, golpea tu mano con un martillo.

¡Auch! Eso duele.

Ahora, golpea tu mano con el martillo otra vez.

¡Auch! Eso duele.

Ahora, golpea tu mano con el martillo otra vez.

¡Auch! ¡Auch! ¡Auch! ¡Eso de verdad duele!

¿Tienes la idea?

Primero desarrollas una acción o actividad (golpear tu mano con un martillo).

Luego, obtienes un resultado predecible de esa actividad (¡Auch! ¡Auch! ¡¡Auch!!).

Si quieres resultados diferentes, simplemente cambia tu actividad.

¿Cómo?

Intenta golpear la mano de tu amigo con un martillo. (Resultado: ahora tu amigo grita: –¡Auch! ¡Auch!)

Intentemos este principio de nuevo.

El día de hoy subes a tu automóvil y conduces dos horas al trabajo. Llegas a tu trabajo, te pagan migajas, y odias cada minuto que pierdes ahí.

Mañana, subes a tu automóvil y conduces dos horas al trabajo. Llegas a tu trabajo, te pagan migajas, y odias cada minuto que pierdes ahí.

Hmmm, apuesto que si subes a tu automóvil mañana y conduces dos horas al trabajo – posiblemente llegues a tu trabajo, te paguen migajas, y odies cada minuto que pierdes ahí.

Misma actividad – mismos resultados.

Si quieres resultados diferentes, simplemente cambia tu actividad.

¿Cómo?

Conduce al campo de golf, a una escuela de negocios, a una entrevista para un nuevo trabajo. Si no te gustan los resultados que estás obteniendo, simplemente cambia tu actividad.

Claro que tiene sentido, ¿no es así?

¿Por qué no todos ven esto?

Ve al bar local y escucha a los clientes quejándose.

Ellos dirán:

–Hombre, no puedo soportar mi trabajo. Todos los días es lo mismo. ¡Mi jefe es un inepto! La paga es pésima. El trafico es pesadísimo y no puedo tomar una semana libre cuando quiero.

Se sienten ganas de decir:

–Quizá si conduces a otro lugar cada mañana, no terminarías en un trabajo que odias, con un jefe que odias.

Por supuesto, consejos gratuitos como estos, podrían ser perjudiciales para tu salud.

Es frustrante el ver claramente este concepto de actividad/resultados.

¿Por qué?

Por que nosotros sabemos que hay una solución para casi todas las quejas, y el resto del mundo no ve nada.

¿Esto sucede en redes de mercadeo?

Seguro. ¿Alguna vez has escuchado esta afirmación?

"No puedo encontrar prospectos."

Tu distribuidor se queja:

–No puedo ser exitoso por que no puedo encontrar prospectos. Es culpa de mi patrocinador, es culpa de la compañía, es culpa de los productos, vivo muy lejos de las juntas, no conozco a nadie. No le agrado a nadie. El clima es muy malo. ¡Y tengo que trabajar entre semana!

Bien, quizá todas estas **son** quejas legítimas.

¿Y qué?

Quejarse no hará que ninguno de esos problemas se vaya. Repetir estos problemas contigo no hará que el clima mejore o que la casa del distribuidor mágicamente se mueva más cerca de las juntas.

Tu distribuidor quejumbroso sólo debe de entender:

**"Si no te gustan los resultados,
simplemente cambia la actividad."**

Todo este asunto de "causa y efecto" no es tan complicado. Apliquemos algo de ello a los problemas de tus distribuidores.

Problema: "¡Tengo que trabajar entre semana!"

Cambio de actividad: Consigue un trabajo nocturno en su lugar. Trabaja los fines de semana. Consigue un trabajo desde casa. Gana la lotería. Ayuda a que tu esposa consiga un trabajo donde le paguen más. Jubílate pronto.

¿Ves la diferencia? Tu distribuidor debe tomar responsabilidad personal por sus acciones y estar dispuesto a cambiar su actividad. Cuando la actividad cambia, también los resultados. Veamos el siguiente problema.

Problema: "El clima es muy malo."

Cambio de actividad: Múdate a un mejor clima. Compra un abrigo. Quédate en interiores.

Problema: "No le agrado a nadie."

Cambio de actividad: Aprende a sonreír. Toma un curso de desarrollo personal. Conoce personas nuevas.

Problema: "No conozco a nadie."

Cambio de actividad: Conoce nuevas personas. Ve a una fiesta. Enrólate en una organización de la comunidad. Haz publicidad. Campañas de correo. Abre una cuenta en Facebook. Haz trabajo de voluntario en alguna causa.

Problema: "No sé qué decir a los prospectos en el teléfono."

Cambio de actividad: Asiste a los entrenamientos de los sábados por la mañana. Lee un libro sobre técnicas telefónicas. Escucha audios sobre entrenamientos telefónicos.

¿Este "pensamiento de actividad" cambiará mi negocio?

Sólo si tus distribuidores aceptan esta nueva manera de pensar sobre sus problemas. Debemos de hacer muchos ejemplos en el tiempo antes de que sus creencias cambien hacia la responsabilidad personal. Pero el "pensamiento de actividad" los moverá más cerca del liderazgo.

Por qué el crecimiento personal y el desarrollo de habilidades son críticos.

Escuchas a tu patrocinador decir:

–Escucha estos audios de crecimiento personal. Lee estos libros de crecimiento personal. Aprende nuevas habilidades. Asiste a este seminario. Toma este curso de actitud.

¿Pero por qué?

Ciertamente te hará una mejor persona, pero aquí está el por qué yo pienso que es tan importante.

Los nuevos prospectos estarán atraídos hacia ti.

Los prospectos están atraídos a personas que tienen información que ellos quieren.

Imagina que hay tres mujeres en una fiesta.

Una mujer es médico. Está rodeada de personas que preguntan por sugerencias de tratamientos, que quieren que vea una herida, que recomiende algo para su hijo enfermizo, etc. La mujer tiene información que ellos quieren. Están **atraídos** hacia ella.

La segunda mujer es agente de bienes raíces. Está rodeada de personas que preguntan cuál vecindario está subiendo de valor, cuándo puede valuar su casa, o dónde pueden conseguir un buen financiamiento. La mujer tiene información que ellos quieren. Están **atraídos** hacia ella.

La tercera mujer se está quejando por que sus hijos nunca la visitan, los baches en las calles se están haciendo más grandes, su show favorito se transmite demasiado temprano por las tardes, y tiene constantes dolores y molesitas. Nadie está cerca de esta mujer. Ella no tiene información que otras personas quieren. **Nadie** está atraído hacia ella.

En una situación donde el prospecto conoce al distribuidor, los prospectos hacen una **rápida decisión** dependiendo si **tienes** o no información que ellos quieren. Si no, estarás muy solitario.

Debes de tener algo que ofrecer a los prospectos.

Y aquí es donde se pone muy interesante.

La mayoría de los nuevos distribuidores trata de conseguir prospectos **dando** obsequios, enviando artículos gratis, o invitándolos a cenar o a comer. Esto hará que les agraden a los prospectos debido a que son lindos. Pero ser lindo rara vez conduce a la **atracción**.

La atracción viene de tener **información** que tus prospectos desean para mejorar sus vidas. Es por ello que tratamos de aprender tanto como podamos a través de desarrollo personal. Ahora tiene sentido.

Así que, ¿sería ahora un buen momento para aprender más sobre prospección, construir un negocio, cómo piensa la mente, estrategias de impuestos, mercadeo y liderazgo?

Las personas están desesperadas por aprender estos temas para mejorar sus vidas. ¿Estarán **atraídos** hacia ti por que tú tienes esta **información**? ¿O no tendrás nada que ofrecer?

Un sucio y poco conocido secreto en redes de mercadeo.

Como líderes, necesitamos educar a nuestros distribuidores y líderes potenciales. Si no lo hacemos, ellos usarán las estrategias incorrectas para construir su negocio.

Por ejemplo, buscarán desesperadamente por el **prospecto perfecto** que los hará ricos.

Eso probablemente sería una pérdida de tiempo.

Verás, incluso si un empresario de redes encontrara al prospecto perfecto, ¿este prospecto perfecto estaría interesado en este empresario?

¿Este prospecto perfecto estaría dispuesto a seguir a un empresario que **depende** de encontrar a alguien que lo haga exitoso?

Por supuesto que no.

Los prospectos geniales están **atraídos** a personas geniales.

El test de atracción.

Imagina que estás caminando por una calle en un distrito industrial solitario. Está oscuro. Está muy solo.

Pasas a un lado de un hombre acostado en un desagüe. Tiene tres botellas de vino a su alrededor. Su ropa está rota, sucia. No se ha afeitado en meses. Y, está hablando fuertemente consigo mismo.

¿Te moverías al otro lado de la acera cuando pases cerca de él?

¿Qué harías si te ofreciese su tarjeta de presentación y una invitación a una junta de oportunidad?

¿Lo tomarías seriamente? Probablemente no.

No estarías rechazando la oportunidad. Estarías rechazando a **la persona** en este encuentro.

Ahora, imagina que ves a George Washington, el primer presidente de Estados Unidos, de pie en la esquina un poco más lejos en la calle. Mientras pasas a su lado, George dice:

–Aquí está mi tarjeta y un folleto sobre una oportunidad de negocio genial. Si te gusta lo que ves, hazme una llamada y nos reunimos para comer algo.

¿Qué piensas?

–¡Wow! Si George renunció a la política por esta oportunidad de negocio, más vale que la revise. Apuesto que está comercializando algún suplemento secreto que te hace vivir 300 años.

¿Ves la diferencia?

George y el ebrio en el desagüe son distribuidores para la misma compañía de redes de mercadeo.

Le prestaste atención a George. Estás atraído a George. Percibes a George como alguien con habilidades y conocimiento que puede ayudarte a ser exitoso.

En otras palabras, respetas a George Washington y **considerarás** su invitación mientras **ignoras** la invitación del ebrio en el desagüe.

El éxito está **en** George – no afuera de George. Y piensa en todo el conocimiento que George podría pasarte con sus cientos de años de experiencia.

¿Estás teniendo una idea de cómo tú, tus distribuidores, y tus líderes potenciales pueden **hacerse más valiosos** para tus prospectos en redes de mercadeo?

¿Qué tal si te conviertes en un experto de impuestos en redes de mercadeo? **Atraerías** a prospectos que quieren un negocio de tiempo parcial para incrementar sus posibles deducciones.

¿Qué tal si lees y estudias para convertirte en un experto motivacional? **Atraerías** prospectos que buscan energía positiva para llenar sus vidas.

¿Qué tal si te conviertes en un experto del producto? **Atraerías** prospectos que quieren saber cómo tus productos pueden mejorar la calidad de sus vidas.

¿Qué tal si te conviertes en un experto de mercadeo? ¿En un experto en ventas?

¿Un experto en prospección?

¿Un experto de entrenamientos?

La verdadera clave en redes de mercadeo es convertirte en un mejor tú.

La gente busca conocimiento, guía, motivación, entendimiento, y más. ¿A dónde irán para conseguirlo?

* No con el ebrio en el desagüe.

* No con el supuesto líder que renunció por un problema de envío.

* No con la persona que terminó su aprendizaje cuando terminó la escuela.

* Y seguramente no con la persona que cree que ha alcanzado la cúspide de su desarrollo.

Estoy bien y no necesito mejorar.

Tu no comprarías una computadora de una compañía que anuncia:

"Esta es la mejor computadora que podemos hacer. Nunca seremos capaces de construir un mejor modelo."

No comprarías un auto de GM o Ford si declaran:

"Nunca mejoraremos este modelo. Estamos deteniendo todas nuestras innovaciones a partir de ahora."

Y no te asociarías debajo de un distribuidor que diga:

"No necesito más conocimiento ni mejoras. Estoy listo de por vida. Todo nuevo conocimiento tendrá que ser ignorado. No puedo mejorarme a mi mismo."

Bueno, de hecho, los distribuidores sin éxito no lo dicen así, pero detectas las señales fácilmente.

El distribuidor no exitoso no asiste a las juntas, no asiste a los entrenamientos, no lee nuevos libros, no escucha audios de educación, y limita su exposición de nueva información a los infomerciales de televisión por cable en la madrugada.

¿Es esta la persona que quieres como patrocinador?

¿Es esta la persona que quieres que te lidere hacia el éxito? Por supuesto que no.

Esta persona cree que el éxito está **afuera** de él. Esta persona esta esperanzada en que tú o algún otro prospecto lo hará exitoso.

Estas llamadas telefónicas cuentan la historia real.

No me tomes la palabra.

Haz lo que yo hice. Llamé a algunos líderes de redes de mercadeo y les pregunté qué habían aprendido la semana pasada. Aquí están sus respuestas:

Líder #1: –Estoy leyendo *El Hombre Más Rico de Babilonia*. Me he dado cuenta que, algunos de los empresarios con mucho tiempo en redes de mercadeo que han ganado mucho dinero… bueno, están quebrados. No quiero ser como ellos. Yo quiero manejar mis cheques sabiamente e invertir para mi futuro financiero. Además, escuché algunos audios de mercadeo toda la semana mientras conducía.

Líder #2: –Acabo de regresar de un seminario de mercadeo directo. No era específicamente para redes de mercadeo, pero me dio una perspectiva más amplia de cómo voy a desarrollar una campaña de reclutamiento para mi organización. Además, en el avión de regreso, terminé de leer un libro sobre cómo hacer nuevos amigos.

Líder #3: –Volé a la convención de mi compañía. Aprendí muchos consejos de mis compañeros líderes y los estoy incluyendo en mi junta mensual de entrenamiento con mi organización. También escuché audios de entrenamiento de ventas por Tom Hopkins y Frank Bettger.

No es difícil encontrar el patrón aquí. Estos son líderes en redes de mercadeo debido a que constantemente se están mejorando.

Ahora, ¿qué revelaron mis llamadas
con distribuidores no exitosos?

Distribuidor no exitoso #1: –No he tenido el tiempo de asistir a los seminarios de entrenamiento mensuales de la compañía. Para la hora en que mi liga de fútbol termina por la tarde, ya no me queda energía. Sigo buscando algún buen distribuidor, pero todavía no encuentro a nadie últimamente.

Distribuidor no exitoso #2: –Realmente no me gusta leer. Nunca me gustó. No, no se cómo funciona nuestro plan de pagos. Y, tengo problemas al dar presentaciones, así que no he dado ninguna. No estoy seguro que este negocio de redes funcione realmente. No he visto ningún cheque todavía.

Distribuidor no exitoso #3: –Todas las semanas es la misma junta de oportunidad. Nunca la cambian. Es demasiado tedioso continuar asistiendo – especialmente cuando no tengo invitados ni prospectos.

No es difícil detectar la tendencia aquí.

¿Hay algún momento en el que puedes dejar de aprender y mejorar?

Tendrás que preguntar eso a alguien más grande que yo.

Hice un inventario sólo de los libros que leí recientemente como parte de mi campaña de auto-desarrollo.

Primero, leí *Ogilvy on Advertising*. ¿Por qué? Imaginé que él sabía más sobre cómo llegar a la mente de los clientes que cualquier otro durante los últimos 40 años.

Leí de nuevo *The Five Great Rules of Selling* por Percy Whiting. Este libro muestra cómo se hacían las ventas en 1950 y 1960. Es genial el comparar cómo se hace hoy en día.

Leí como 60 páginas de *Dartnell's Direct Mail and Mail Order Handbook*. (Llevo mi propio paso... este libro tiene 1,538 páginas.)

Leí un poco de *A Brief History of Time* por Stephen Hawking. Una experiencia humillante. Un poco demasiado para mi cabeza, así que pensé en sólo rentar el video.

Y finalmente, leí *The Far Side Gallery 2* para algo de lectura ligera. Por supuesto que leí este volumen de inicio a fin, las caricaturas son adictivas.

¿Por qué tanta lectura? Por que prefiero lectura que audios. Pero para muchos, será lo opuesto.

¿Los líderes asisten a seminarios de entrenamiento? Seguro.

¿Los líderes buscan personas con conocimiento y experiencia que los apoyen con su negocio? ¡Te lo apuesto! Les encanta llevar a los expertos a comer.

El resultado final.

Debes de darle a las personas una **razón** para **quererte** como su patrocinador. Quieres que los prospectos te busquen, que te vean como su confiable mentor. Quieres que los prospectos estén emocionados para unirse a tu negocio.

Así que, todo lo que tienes que hacer es recordar:

El mejor secreto para patrocinar no es encontrar a la persona correcta, sino ser la persona correcta.

La vida en redes de mercadeo se facilita mucho cuando las personas están atraídas a ti.

¿Piensas que es por eso que pareciera que los líderes consiguen todos los buenos prospectos?

No envíes a tus nuevos distribuidores a un salto fatal a lo desconocido.

Un vendedor de seguros gasta $500dls en un boleto de avión para ver a un prospecto. Un vendedor de autos gasta $400dls en una publicación comercial de nivel nacional para encontrar compradores potenciales. Un dueño de un lavado en seco renta un salón de $350dls y hace una junta de oportunidad para sus servicios de lavado en seco. Un empleado de una farmacia compra una lista con 500 nombres y números telefónicos de desconocidos de todo el país y hace llamadas en frío para ver si quieren comprar artículos de tocador y cuidado de la piel.

¿Extraño? Yo pienso que sí.

Como profesionales en redes de mercadeo, nosotros nos **reiríamos** de estos costosos y desesperados intentos de crear nuevos negocios. Aún así, algunas veces nosotros toleramos estos descarados desperdicios de dinero por parte de nuevos distribuidores en nuestro grupo.

Piensa en ello. Un nuevo distribuidor tiene estas **ventajas naturales** cuando habla con su mercado caliente:

* El prospecto conoce al nuevo distribuidor y probablemente le agrada.

* Es más fácil conseguir una cita con alguien que conoces.

* Una presentación involucra todos los sentidos. El prospecto puede tocar y ver los productos y servicios.

Si nuestro nuevo distribuidor es incapaz de patrocinar a un prospecto de su mercado caliente con todas estas ventajas incorporadas, ¿cómo es posible que podamos esperar que nuestro distribuidor sea exitoso con desconocidos? El nuevo distribuidor tendrá que sobrepasar estos retos con desconocidos:

* El prospecto está escéptico de una llamada inesperada de un extraño.

* El prospecto quiere ver televisión y terminar su cena en lugar de escuchar una presentación telefónica.

* El prospecto no puede ver, tocar o sentir los productos o servicios.

* No hay lazos naturales o relación con un extraño.

El resultado final es que si un nuevo distribuidor **no tiene las habilidades** para patrocinar contactos de mercado caliente, salir al mercado frío va a ser muy feo.

Como líderes responsables, nosotros debemos de reconocer el problema real aquí – **falta de habilidades**.

En lugar de permitir que nuestros nuevos distribuidores desperdicien dinero localizando nuevos prospectos (a los que exitosamente desanimarán de unirse a sus negocios), apoyemos a nuestros nuevos distribuidores a invertir el tiempo y el dinero para aprender las habilidades necesarias para patrocinar prospectos exitosamente.

* ¿Por qué no enseñar a tu nuevo distribuidor las frases correctas qué decir y qué no decir?

* ¿Por qué no motivar a tus nuevos distribuidores a invertir unas pocas horas en tu entrenamiento de "Cómo Iniciar"?

Estoy seguro que tú o alguien de tus superiores tiene algún tipo de entrenamiento para hacerlo fácil para los nuevos distribuidores. En unas pocas horas tú puedes apoyarlos a construir una creencia y confianza en los productos y servicios y enseñar algunas técnicas básicas de presentación.

Cuando tu nuevo distribuidor toma confianza, cosas asombrosas suceden. Sus prospectos tienen más confianza en ellos.

Recuerda, si tu nuevo distribuidor no puede patrocinar a un amigo cercano, cara a cara, patrocinar completos desconocidos por teléfono o Internet va a ser muy feo.

Invierte en ti mismo.

Se dice que Henry Ford afirmaba:

"Invierte 10% de tu ingreso en ti mismo, en aprendizaje y entrenamiento, para ser mejor persona. Continúa invirtiendo 10% hasta la edad de 40. En lugar de invertir en valores o bienes raíces, invierte en ti mismo, **es un mejor retorno**. Luego, a la edad de 40, comienza a invertir en valores o bienes raíces por que entonces tendrás más dinero."

O, como a mí me gusta decir:

"Invierte en ti mismo, a menos que sientas que es una mala inversión."

El mejor dinero de cobertura o la mejor cobertura contra la inflación no es el oro, los bienes raíces o las acciones. La mejor cobertura es invertir en ti mismo.

Un día un líder me llamó y dijo:

–Hey, tengo $5,000 para invertir. Quizá deba de invertirlos en una acción de rápido crecimiento. ¿No sería eso una buena inversión? Quizá pueda obtener un retorno genial.

Mi respuesta fue:

–Es bueno que quieras invertir en una acción de rápido crecimiento. Yo no puedo predecir si el precio de la acción subirá o bajará. Sin embargo, digamos que sube. Sorprendentemente, compras la acción en el momento perfecto, y tu acción sube un 40% en los próximos 12 meses. ¡Wow! Vaya retorno. Eso significa que tu inversión de $5,000 ahora vale $7,000 con tu incremento del 40%. No se puede discutir contra eso. Es un buen retorno.

Si embargo, ¿qué tal sin invirtieras los mismos $5,000 en tu negocio? Quizá conduces por todo el país y visitas a tus mejores grupos. Mientras das una reunión, tocaste sólo a una persona que se afilió debido a tu mensaje. Esa persona se convierte en líder y te genera $1,000 al mes, cada mes… **¡por el resto de tu vida!** Ahora, eso sería un retorno genial sobre tu inversión.

O quizá lo inviertes en algo de entrenamiento para tus trabajadores serios y líderes. Debido a que ahora te ven como un socio en lugar de como sólo un patrocinador superior que recibe los cheques, ellos trabajan más duro. Y, trabajan más duro con las nuevas habilidades que aprendieron en su entrenamiento. Tu grupo **duplica** su volumen y tu cheque se **duplica**. ¡Wow! Eso sería un retorno espectacular sobre tu inversión.

O, publicas una serie de anuncios buscando personas insatisfechas con sus carreras y dispuestas a invertir uno o dos años en aprender cómo construir un negocio de redes. Tu publicidad atrae tres nuevos líderes quienes están ansiosos de construir sus negocios. Eso sería un retorno gigantesco sobre tu inversión cada mes.

¿Qué prefieres tener en tu negocio? ¿Un retorno de $2,000 de una sola ocasión sobre tu inversión de $5,000 de una buena acción, o preferirías tener tres nuevos líderes construyendo sus negocios?

La elección es fácil. **Invierte en ti mismo** y en tu negocio debido a que puedes tener un mejor retorno sobre tu inversión.

No hay nada de malo con las acciones, bonos y bienes raíces. Nosotros simplemente estamos buscando el mejor retorno sobre nuestra inversión. Así que…

"Invierte en ti mismo, a menos que sientas que es una mala inversión."

Consiguiendo más resultados con tu tiempo limitado.

Cuando tus distribuidores llaman, ¿qué es lo que haces?

* ¿Los escuchas de inmediato mientras ellos te dicen sus problemas?

* ¿Escuchas pacientemente a sus dramas personales?

* ¿Piden constantemente que hagas su trabajo por ellos?

* ¿Te hacen sentir **responsable** por los fracasos en sus vidas y en sus negocios?

* ¿Desperdician tu tiempo con interminables historias de eventos pasados y problemas?

Si esto suena familiar, ¿por qué no ser un poco más proactivo? ¿Por qué no tener una estrategia que los guíe a ser más responsables en sus vidas?

Aquí hay algunas de mis respuestas proactivas favoritas:

¿Qué haría un líder en esta situación?

Deborah Kay de Canadá me dio esta respuesta. Cuando los distribuidores la llaman con sus problemas, esta es su respuesta favorita.

Nota cómo ella no dice que se debe de ser un líder. Ella sólo pregunta qué haría un líder. Ellos no tienen que ser un líder, y no tienen que tomar su propio consejo, pero esto los obliga a llegar a una solución responsable.

Y, esto los hace sentir un poco culpables sobre no lucir como un líder al quejarse.

¿Qué tan largo será tu periodo de lamentación?

¿Alguna vez has tenido distribuidores que todavía culpan sus fracasos por algún evento pasado? Por ejemplo, su compañía previa quebró hace dos años, pero ellos insisten en que esa experiencia les impide afiliar distribuidores.

Tengo un amigo que se divorció hace seis años, y aún no lo supera. El divorcio sale al tema casi en cada sesión de quejas. Debes de pensar:

"¿Qué tan largo será tu periodo de lamentación?"

La gente se aferra a traumas del pasado por siempre a menos que hagas algo. Sorpréndelos usando el pasado como una excusa para el hoy. Haz que se comprometan a un cierto tiempo de lamentación, y que después nunca más saquen a flote ese asunto.

"Los peces comen donde tienen hambre, no donde tiras el anzuelo."

Tiene sentido, ¿no es así?

Sin embargo, los distribuidores creen que cuando hacen una gran campaña de prospección, todos los que contactan deben de estar buscando una oportunidad en ese momento.

No funciona de esa manera.

No importa qué tan bueno sea tu folleto, algunas personas no estarán hambrientas por una oportunidad.

Por ejemplo, quizá tu negocio acaba de sacar el programa de súper bonos. Tu piensas que todos deberían de unirse. Te acercas con una joven e insistes en que asista a la junta de oportunidad de esta noche. Ella dice:

–Oh, no pienso que pueda asistir. Me voy a casar esta tarde, y pues, habrá una fiesta en la noche. Y, no creo que quiera hacer una cita por unas cuantas semanas ya que nos iremos de luna de miel mañana temprano.

Acepta el hecho de que no todos están hambrientos por una oportunidad en el momento exacto en que los contactas.

Así que, si tus distribuidores se quejan por que nadie asistió a la junta de oportunidad, simplemente explícales que las personas sólo vienen cuando el momento es el correcto para ellos, no cuando el momento es el correcto para tus distribuidores.

¿Qué es lo que quieres que yo haga que no estás dispuesto a hacer tú mismo?

Ya sabes cómo va esta conversación. El distribuidor llama y constantemente pide ayuda. Quieren que prospectes por ellos, hagas la presentación, afilies al nuevo prospecto, y luego que los notifiques por correo de toda la ayuda que les has brindado.

Todo es muy difícil de hacer para ellos. No tienen tiempo, ni dinero, ni habilidades, y debes de hacer el trabajo por ellos. Auch.

No diré que la anterior frase detiene todos estos disparates, pero sí ayuda. Ademas, me gusta mucho decirla.

Esta frase ciertamente reducirá las peticiones que recibes para encontrar los prospectos perfectos que están listos para unirse, y entregarlos en la mano a tu perezoso distribuidor.

¿Cuáles son los últimos cinco libros que has leído para mejorar tu negocio?

Cuando los distribuidores se quejan por que no saben que hacer, esta es una respuesta apropiada para regresar la responsabilidad sobre ellos. Seguro, queremos estar en el mismo nivel con los distribuidores, pero ellos quieren que hagamos todo por ellos, incluyendo pensar.

Cuando preguntas por la lista de los últimos cinco libros que han leído, la mayoría de los distribuidores se dan cuenta de que no han puesto mucho esfuerzo en su negocio. Es más fácil para ellos preguntarte:

–Sólo dime qué hacer que sea garantizado, libre de rechazo, que no tome tiempo, y sea fácil. Y, quiero que funcione con todos los que conozco.

Los distribuidores no tienen el derecho de hacerte esta pregunta si no han intentado aprender algo por su cuenta.

Por lo menos haz que aprendan. No leas los libros por ellos, o escuches sus audios de entrenamiento por ellos.

Considera esta estrategia:

No tienes que hacer todo el trabajo por tu organización.

Ya conoces el escenario. Estás comiendo la cena con tu familia y el teléfono suena. La persona que llama dice:

—Hey, patrocinador. Mi negocio no está funcionando muy bien. ¿Qué vas a hacer al respecto?

Todos los que fracasan quieren culpar a alguien más o no tomar su responsabilidad. Si el negocio de un distribuidor está fracasando, ¿realmente quién es el culpable?

¿Los superiores son los culpables?

Toma a un patrocinador promedio que ha estado en el negocio por cinco años. Algunos de los distribuidores que patrocinó son exitosos. Algunos de los distribuidores que patrocinó no lo son.

Aún así ambos, los distribuidores exitosos y los no exitosos tienen **¡exactamente el mismo patrocinador!**

Así que, no puedes culpar al patrocinador. La responsabilidad por el éxito yace enteramente en el distribuidor.

Si le dices a un distribuidor que fracasó debido a sus acciones, eso parece un poco rudo. Después de todo, si el distribuidor entendiese que es enteramente responsable por su éxito, bueno, probablemente ya sería un éxito.

Así que, ¿cómo apoyas a tu distribuidor no exitoso a enfocarse en la causa real de su fracaso, sus acciones?

Bien, regresa al Volumen Uno en esta serie de Líderes, y comienza metódicamente, paso a paso, enseñando a este distribuidor cómo pensar. Pero, **sólo** hazlo si este distribuidor pasa la prueba de liderazgo del Volumen Uno.

Lo que es preferible es que quieras encontrar a alguien que ya este más adelantado en entender la responsabilidad personal. Así que, ¿dónde puedes encontrar a alguien nuevo?

Sigue leyendo.

"¿Estamos buscando líderes en los lugares equivocados?"

Estaba hablando en el crucero anual de MLM. Como 40 personas estaban en esta sesión. Todos los 40 eran líderes.

¿Cómo sabía que eran líderes?

Bien, tenían la opción de recostarse bajo el sol o aprender nuevas técnicas para construir sus negocios. Los líderes eligieron asistir a esta sesión. Es muy fácil saber quienes son los líderes.

Durante esta sesión hice esta pregunta:

"¿Cómo fuiste introducido a las redes de mercadeo?"

Esta es una pregunta importante. Si podemos encontrar de dónde vienen los líderes… ¡ajá! Sabremos a dónde podemos ir para conseguir más líderes.

Simple lógica, ¿correcto?

Le di al grupo de 40 líderes algunas opciones para responder mi pregunta.

Aquí están las opciones:

A. Pariente o amigo.

B. Anuncio en el diario.

C. Un envío por correo.

D. Un audio o CD.

E. Una feria comercial.

F. Anuncio en radio.

G. Internet.

H. Por referencia.

I. Por un desconocido en un encuentro fortuito.

J. Vio un volante.

Diez opciones… 40 líderes. Recuerda, estas no eran personas ordinarias, estos eran líderes.

¿Y cuál sería tu suposición?

¿Cuántos de estos líderes fueron patrocinados en cada categoría?

¿Crees que más fueron introducidos a las redes de mercadeo por anuncios? ¿Más por parientes y amigos? ¿Más por Internet y correo?

Voy a pedirte que pienses en esto por un momento.

…Detente y piensa.

Decide cuál crees que en la categoría o categorías superiores.

Así que, ¿**cómo** crees que la mayoría de los 40 líderes fueron **introducidos** en redes de mercadeo?

La respuesta puede que te sorprenda.

Y la respuesta puede cambiar cómo encuentras nuevos prospectos para tu negocio.

Y recuerda, no son prospectos **ordinarios**, sino prospectos que pueden convertirse en **líderes**.

Así que... ¿estás listo para la respuesta?

Aquí están los resultados:

36 - Pariente o amigo.

2 - Internet.

1 - Anuncio en el diario.

1 - Anuncio en radio.

0 - Un envío por correo.

0 - Un audio o CD.

0 - Una feria comercial.

0 - Por referencia.

0 - Por un desconocido en un encuentro fortuito.

0 - Vio un volante.

Sorprendente, ¿no es así?

No se necesita ser físico nuclear para ver el patrón aquí. Incluso en la era del Internet, sólo 2 de 40 líderes fueron patrocinados por una campaña de correo electrónico, anuncios, una página web vistosa, etc.

A propósito, sólo para que no pienses que estoy prejuzgando los resultados, yo fui el líder que fue patrocinado por el anuncio del diario. Yo respondí a un anuncio en un diario, allá en 1972.

No, no estoy diciendo que estos otros métodos no funcionen.

Funcionan.

¡Pero ve a donde están los peces!

Sí, si queremos ir a pescar, quizá debemos ir a donde están los peces. Si 90% (36 de los 40 líderes) fueron patrocinados por un pariente o amigo, entonces, ¿**por qué perdemos 90% de nuestro tiempo** tratando de encontrar líderes a través de estos otros métodos?

Conozco a muchos distribuidores que intentan hacer llamadas en frío, que compran listas para programas de respuesta automática, que publican anuncios en diarios, que tratan negocios conjuntos con extraños, que entregan volantes y aún no han contactado a su mercado caliente de amistades.

Loco, ¿no es así?

¿Por qué no ir a donde se **localizan** los mejores prospectos?

Es como tratar de ir de compras al conducir por una terracería desértica. Tiene más sentido ir de compras en un centro comercial.

Así que, si tienes distribuidores que están luchando con estas técnicas de mercado frío, muéstrales esta encuesta.

Muéstrales que es nueve veces más posible que encuentren un líder con amigos y parientes (su mercado caliente) que todos los otros métodos ¡combinados!

Pero, ¿qué tal si he quemado, destrozado y bombardeado a mi mercado caliente?

Entonces, la solución obvia es **primero** crear un nuevo mercado caliente, y entonces tendrás muchos prospectos de mercado caliente otra vez.

Crear un mercado caliente no es difícil. No tienes que casarte de nuevo para conseguir un nuevo juego de cuñados ni familia política y no tienes que publicar anuncios para conseguir amigos.

En lugar de eso, intenta algunas de estas ideas:

* Únete a un club de tu pasatiempo favorito.

* Toma un curso por las tardes en la escuela comunitaria.

* Sé amable. Ofrece ayuda con alguien.

* Involúcrate en un proyecto como voluntario.

* Visita las ventas de cochera y habla con los compradores.

* Toma un tiempo libre y ve a una fiesta.

* Toma el tiempo de conversar con empleados, conductores de autobús, taxistas, recolectores de peaje, y personas esperando en la fila.

* Pregunta a las personas qué les gusta hacer en su tiempo libre.

* Asiste a seminarios de inversión y finanzas personales.

Bien, hay muchas más ideas, pero comprendemos el punto. Sólo deja de intentar buscar prospectos y comienza a hacer nuevos amigos.

Amigos reales – ¡sin condiciones!

Haz un amigo para ser un amigo. No hagas un amigo con condiciones, a quien desecharás tan pronto te des cuenta que él o ella no es un prospecto.

Hay pocas cosas más feas que manipular a una persona a creer que eres un amigo, luego desechar a la persona cuando te das cuenta que no tienes un cliente o un distribuidor.

Sólo haz amigos para tener amigos.

Nunca escucho a nadie quejándose por que tiene demasiadas amistades. Confía en mi, no será un problema tener un grupo extra de amigos.

Este mismo principio aplica cuando ayudas a las personas. Ayuda a las personas por que es lo correcto. No ayudes a las personas sólo para sentirte bien cuando digan "Gracias".

Frecuentemente escucho a los nuevos distribuidores decir:

–Bueno, ¿qué tal si ayudo a alguien y no se une a mi negocio?

Yo me pregunto qué fue lo que sus padres les enseñaron. Quizá les enseñaron:

–No hagas nada para ayudar a las personas a menos que recibas un pago o una recompensa.

Si tienen esa actitud hacia ayudar a otras personas, eventualmente lo mostrarán. No puedes ocultar tus creencias por mucho tiempo. Las personas se darán cuenta.

Entre más amigos tienes…

Entre más amigos tienes, más fácil se hace una red de mercadeo. Tendrás muchos amigos que te preguntarán por soluciones para sus problemas.

Ahora, no todos ellos van a preguntar el mismo día, pero con el tiempo encontrarás que tus productos y oportunidad de negocio pueden ayudar a resolver algunos de los problemas de tus amigos. Muy sencillo, ¿no es así?

¿Cuál es el mejor líder potencial?

Imagina que te doy la opción entre patrocinar a dos personas. ¿A quién patrocinarías?

A. La persona con una gran red de amigos.

B. La persona sin un mercado caliente pero que tiene los recursos de publicar anuncios y así convencer a desconocidos de unirse a tu negocio.

¿Decisión difícil? No para mí.

Yo elegiría a la persona con una gran red de amigos. Esta persona tiene un mercado natural el cual puede aprovechar sin ningún costo. Y todos ellos serían una audiencia favorable.

Pero se pone mejor.

Piensa en sus amigos. Los amigos se **asocian** a personas con valores similares. Esto significa que sus amigos también tendrán una red natural de amigos la cual pueden aprovechar sin ningún costo. Y ellos también serían bienvenidos cuando den presentaciones.

Piensa en la persona sin un mercado caliente, quien sólo patrocina desconocidos con anuncios. No hay garantía de que estos desconocidos tengan una gran red de amistades. La **duplicación** puede rápidamente detenerse con estos nuevos distribuidores.

La persona #2 tiene un problema. Publica un anuncio. La gente se afilia. Ellos piensan que la mejor manera de construir sus negocios es publicando un anuncio. Después de todo, así fue como ellos fueron patrocinados.

¿Y estas nuevas personas tienen las habilidades para publicar anuncios? No lo creo. Y fracasan.

Este es el **problema** con comprar prospectos, patrocinios por Internet, y la mayoría de los métodos de prospección en frío. Estos métodos requieren mejores **habilidades** para llegar a la presentación o venta. Los nuevos distribuidores usualmente no tienen estas habilidades.

Pero quiero crecer rápidamente y necesito usar técnicas de mercado frío.

Está bien. Si debes usar métodos de mercado frío, usemos la misma lógica. Usemos métodos que tienen la mejor oportunidad de tener éxito.

Una vez leí un artículo por un notable entrenador en ventas. En el artículo, él mencionaba que ciertos métodos tienen mejor oportunidad de éxito al conseguir una cita con un prospecto. Aquí están sus resultados.

Correo directo: .5%

Llamada en frío: 1%

Dos pasos: 3%

Referidos: 15%

Aprobación: 50%

Mira estos números de nuevo.

Tomó 200 cartas de correo directo para conseguir una cita.

Tomó 100 llamadas en frío para conseguir una cita.

Tomó 33 seguimientos sobre una petición (dos pasos) para conseguir una cita.

Tomó 7 referidos para conseguir una cita.

Sólo tomó dos aprobaciones para conseguir una cita.

Así que, ¿cuál método sería el más rápido para construir tu negocio?

Por supuesto que usarías las aprobaciones. Ese sería el mejor uso de tu tiempo. Si puedes hacer que varias personas te den una aprobación a ti y a tu negocio con sus amigos, estarías inundado con citas. Así se crece rápidamente.

¿Y cuál es el resultado?

* Ve donde están los mejores prospectos (mercado caliente).

* Usa las mejores técnicas para conseguir la mayoría de las citas (habilidades de patrocinio).

* Sólo usa sentido común.

El mejor prospecto en el mundo sería alguien que rescataste de un edificio en llamas y le financiaste la escuela de medicina. Probablemente no tienes muchos prospectos de esos.

Así que, ve con los siguientes mejores prospectos, tus amigos.

Cuando te quedes sin amigos, haz más amigos.

Si decides trabajar el mercado caliente, por lo menos selecciona un método que te da el menor rechazo y la mayoría de citas.

Y recuerda. La clave para construir un gran, exitoso, e influyente negocio de redes de marcado es construir... líderes.

OTROS LIBROS DE "BIG AL" ESTÁN DISPONIBLES EN:

http://www.BigAlBooks.com

http://www.BigAlBooks.com/Spanish.htm

Registra tu correo electrónico ahí para obtener gratis el próximo libro de Big Al.

CONSIGUE 7 MINI-REPORTES DE FRASES FABULOSAS, FÁCILES PARA CREAR PROSPECTOS NUEVOS, CALIFICADOS.

Descubre cómo sólo unas pocas palabras correctas pueden cambiar tus resultados en tu negocio de redes de mercadeo para siempre.

Consigue todos los siete mini-reportes gratuitos de Big Al, y el Reporte Big Al semanal gratuitamente con más tips sobre prospección y patrocinio.

Regístrate hoy en: http://www.BigAlReport.com

¿Deseas que Big Al haga una conferencia en tu área?

http://www.BigAlSeminars.com

Mira toda la línea de productos de Big Al en:

http://www.FortuneNow.com

LIBRERÍA DE BIG AL

La Librería de Big Al de 36 CDs llenos de habilidades te ayudará a dominar las 25 habilidades básicas de redes de mercadeo. Descubre las habilidades de primer nivel que necesitas, escucha mientras conduces tu auto o desde el confort de tu hogar.

Ahora puedes aprender cada frase mágica, cada historia, técnica, la "Presentación de Un Minuto", habilidades de súper patrocinio y mucho más.

Esta es la mejor manera de aprender las habilidades del "cómo" que son necesarias para moverte a un ingreso de tiempo completo, y luego los grandes ingresos que sueñas.

Aprende métodos probados y comprobados, exactamente qué decir para construir tu organización rápidamente.

Atrae, educa y patrocina más prospectos dentro de tu oportunidad ahora.

Elimina el rechazo, llamadas en frío, y demás maneras incómodas al tratar de construir tu negocio. Encuentra prospectos fácilmente. Entra a la mente de tu prospecto, y habla directamente a su mente y corazón.

Disponible en:

http://www.fortunenow.com/products/item2.cfm

SOBRE EL AUTOR

Tom "Big Al" Schreiter tiene más de 40 años de experiencia en redes de mercadeo y multinivel. Es el autor de la serie original de libros de entrenamiento "Big Al" a finales de la década de los 70s, continúa dando conferencias en más de 80 países sobre cómo usar las palabras exactas y frases para lograr que los prospectos abran su mente y digan "SI."

Su pasión es la comercialización de ideas, campañas de comercialización y cómo hablar a la mente subconsciente con métodos prácticos y simplificados. Siempre está en busca de casos de estudio de campañas de comercialización exitosas para sacar valiosas y útiles lecciones.

Como autor de numerosos audios de entrenamiento, Tom es un orador favorito en convenciones de varias compañías y eventos regionales.

Su blog, http://www.BigAlBlog.com, es una actualización constante de ideas prácticas para construir tu negocio de redes de mercadeo y multinivel.

Cualquier persona puede suscribirse y recibir sus consejos gratuitos semanalmente en:

http://www.BigAlReport.com